増補

誰でもうまくいく！普段の楽しい社会科授業のつくり方

長瀬拓也 著

なんで，こんな
言葉を残して
いるのだろう。
板垣退助
わたし一人を殺しても自由は死なない。

黎明書房

増補版に際して

本書『誰でもうまくいく！　普段の楽しい社会科授業のつくり方』を今から三年ほど前に書かせていただきました。若い先生を中心に、「参考になったよ」といった声を聞くことが多く、大変うれしく感じています。

現在は、「アクティブ・ラーニング」といった言葉をはじめとして、学校教育、とくに授業の在り方が多く問われています。社会科も例外ではありません。依然として暗記中心と言われる中、転換期に来ていると感じています。しかし、社会科にとってはそのイメージを変えるチャンスかもしれません。そのようにも感じています。

そうした中で、黎明書房社長の武馬久仁裕さんからご提案をいただき、新たに第７章を加えた増補版を出すこととなりました。

社会科を子ども達も先生も、もっとアクティブに楽しく学ぶにはどうすればよいか。ぜひ読者の皆さんと考えていきたいと思っています。どうぞよろしくお願いします。

二〇一五年八月

長瀬拓也

はじめに

楽しい授業をつくりたい

それは、私がずっと求め、考え続けていることです。

「とにかく、おもしろい授業を」

そればかり考え、大学時代を過ごし、教師になりました。

しかし、教師になったばかりの頃は、なかなかうまくいきませんでした。

仕事に追われ、多くの問題を抱え、体調を崩していました。授業以前に学級がうまくいかず悩んだことも多くありました。

「おもしろい授業にすれば、きっと子ども達は話を聞いてくれる」

そんな甘い期待も裏切られました。授業中、叱って怒鳴って大きな声を出して、それでも子どもは話を聞いてくれず……私も子ども達も楽しくなく苦しい日々が続いていました。

「どうすれば、毎日、楽しい授業ができるのだろう」

と深く悩みながら無我夢中で仕事をしていました。

そんな時、ふと考えたことがありました。それは、

毎日、研究授業のように素晴らしい授業はできない

ということでした。

そして、毎日行うような授業、つまり、

普段の授業の中で自分ができることを考え、子ども達が楽しく力をつけることを目指していく

ことでした。

私が好きな子ども達の言葉に、

今日の授業、早いなあ。もう終わっちゃった

というものがあります。

研究授業のように指導案を書き、練りに練った素晴らしい授業を毎日することは私にはなかなかできません。しかし、普段の何気ない授業の連続の中で、子ども達に、「授業って楽しいね」「あっという間に終わっちゃったね」と言ってもらえるような授業を目指そうと考えました。

本書では、私が一番力を入れた社会科を例にお話しします。楽しい普段の授業をつくるための私のこれまでの奮闘記です。

長瀬拓也

目次

目　次

目　次

第1章　おもしろくない授業をおもしろく

1　普段の授業に戦略を立てる

「授業がうまくいかない」

初任の頃の私の悩みはいつもこのことでした。

ケンカしたり、手遊びしたり……。

「どうしたら、うまくいくのか」

それぱかり考えていました。

初任の頃は、教育実習の頃のように発問と板書計画を毎日書いていました。しかし、校務や会議、日々のプリントの採点などに追われ、授業研究や準備になかなか時間を取れないでいました。そのため、寝るのが二時近くになってしまい、毎日ふらふらでした。明日の授業を迎えるのが怖くなってしまったこともありました。思いっきり叱って強引に抑えているような授業の連続でした。しかし、それは、私が求めてきたものでは全くなかったのです。

そんな時考えたのは、指導案を綿密に書いて進めるような研究授業ではない、毎日続く普段の授業に対して、戦略を立てることでした。

それは、

① 仕事の効率化を目指し、子ども達と学級を共同経営する

② 教室に「きく」文化をつくる

③ 授業のルールと見通しをもつ

④　教師と子ども、子どもと子どもの関係性（リレーション）をつくる

⑤　前日にすることは前々からしておく

ということでした。①については、拙著の『教師のための時間術』（黎明書房）をお読みください。まさにこの本で書いている「教師が一番力を入れる」ところこそ、本書の「普段の楽しい授業づくり」にあたるところでした。

2　教室に「きく」文化をつくる

まず、取り組んだことが「きく」ということでした。

とにかく、聞いてくれなくては次に進めません。活動をさせて、楽しくさせようとしても指示が入らないとうまく進まないのです。

そこで、取り組んだのが、「目線、姿勢、静けさ」と「三つのきく」という実践でした。

まず、私は、

「Aさんの聴く姿勢はとてもよいね」

「Bさんはおしゃべりをせず、じっくりと聴いているのがすてきだよ」

と、どんどんほめていきました。ほめられると他の子も真似して取り組むようになりました。

この時のポイントは、目でした。話す人をしっかりと見ている目がすてきだと言ってほめました。そして、

「目線、姿勢、静けさ」の合言葉

しっかり相手の目を見ている子をほめ、
しっかり相手の目を見て姿勢がよい子をほめ、
しっかり相手の目を見て姿勢がよく、じっくりと耳を澄ませ静かに話を聴いている子をすごくほめていきました。「きく」ことを三段階に分け、できるだけほめていったのです。
全然話を聞いてくれなかったやんちゃな子が背筋を伸ばし、「ほめてくれ！」といわんばかが生まれました。

りの表情で聞いていたこともあります。もちろん、思いっきりほめました。ほめることで、「きく」ことは大切であるという学級としての意識を高め、「きく」ことが体に染みつくような形になりました。私は、こうしたことを、

「きく」ことの身体化

と呼ぶようにしています。「きく」ことがしっかりできる体にするという意味です。こうした「きく」ことが定着していく中で、私は授業などで、「きく」には三つあり、ステップアップしていこうと投げかけました。それが、この「聞く」「聴く」「訊く」の「三つのきく」です。

> ①「聞く」こと…先生の指示や発問に対して、考え、行動できること
> ②「聴く」こと…友達や先生の話をじっくりと聴き、考えたり、話したりすること
> ③「訊く」こと…話を聴く中で、質問をしたり、たずねたりすること

教室に「きく」文化が生まれると、指示も入りやすくなり、授業が少しずつ進むようになり

ました。

私の大きな失敗は、教師が話せば「聞くだろう」という甘い認識があったことでした。教育実習は、指導教官によってよく指導され、「聞く」ことが身体化された子ども達が多くいることが一般的です。子ども達も付き合ってくれます。しかし、いざ、初任教師として教壇に立ったら、まずそこから育てていかないとうまくいかないということでした。

3　授業のルールと見通しをもつ

①　ルールはできるだけ少なく、徹底させる

私が、普段の授業で大切にしていることは、

①　学ぶ意義や必要性を教師と子どもが考え、感じて、
②　関係性をつくり、
③　ルールを維持し、
④　楽しく学んでいく

ことです。この四つが高まれば高まるほど、子ども達は熱心に学び、学力も上がります。

ただし、この四つすべてがうまくいかなくなると、授業が完全に崩壊し始めます。この四つすべてが低くなっている子が数人いるだけでも、危機的な状況になりえます。

初任の頃の私の授業は、この四つが成り立たなくなっていました。

そこで、**「絶対守る三つのルール」**をつくることにしました。

まずは、

「話を聞く」というルール

です。

これは、課題であれ、指示であれ、学習者が話を聞けないと何をするかが伝わりません。そのため、必ず、指示や話を聞くルールを通さなくてはいけません。「学び合い」でも、一斉授業でも、教師や仲間が話をする時は最低限「聞く」ことが大切です。授業では、授業中騒ぐ子がいる場合、仲間のために、話が聞こえない場にしてはいけないということをよく話してきました。この「話を聞く」ルールは、「三つのきく」の実践で徹底されるようになってきました。

次に、

「みんなで協力する、達成を目指す」というルール

を徹底させました。

上越教育大学の西川純先生が提唱する「学び合い」の中で、「全員ができるようにする」という目標があります。自分だけではなく、班、クラス全体のことを思って学習できるようにするという意識をもたせようと考えました。この意識をもつかもたないかで、授業に対する子ども達の取り組み方が大きく変わります。「普段、困ったら助け合うように、普段の授業でも困ったら助け合うべきだ」とよく話しています。

最後に、

「細かな学習のルール（学習規律）を守る」というルール

の徹底です。

・たとえば、ノートはどのようにとればよいのか。
・教科書はどのように読めばよいのか。
・話し合いの時、どんな言葉を使っていけばよいのか。

など、具体的で細かなルールです。

ポイントは、細かな学習のルールを守ることによって、それが自分や仲間にプラスとなるため、絶対守るというルールをしっかりと意識させるということでした。

その上で、私は

「ルールはできるだけ少なく」

しようと考えました。

たくさんのルールが教室に明文化されていくと、多すぎてルールの重要性を子ども達が感じなくなっていく気がしました。昔、中国のある王が分かりやすい三つのルールで統治し、人々の信頼を勝ち得たという話を聞いたことがあります。そこで、私も絶対守るべきルールを三つぐらいに絞り徹底しようと考えました。細かな学習のルールもできるだけ最初は少なくし、段

階を踏んで指導していくことを目指しました。そのため、私は、

「話を聞く」

「自分のことだけ考えない。みんなで、みんなが、できる、達成することを考えよう」

「学習のルールは、みんなにとってプラスになることだから、しっかり守ろう」


と言い続けています。ちなみに、今は小学生を教えていますが、ほとんど変わりありません。

② 学習のルールを分けて考える

学習のルールについて、最近、私は三つに分けて考えるようになりました。

- 目標としてのルール……………全員がこの目標を達成するというルール
- 守るべきルール…………………学習を進める上で守らなくてはいけないルール
- 活動を進めていくルール………みんなが学習をスムーズにするためのルール

目標としてのルールは、例えば、「全員がこの問題ができるようにしよう」といった目標を達成するためのルールです。これは、年間を通じて守っていくようなルールです。守るべきルールは、授業の安定につながります。学習規律も含まれます。

学習規律に関しては、

- 学校の方針や学年での統一を大切にすること
- なぜこのルール（規律）にするか、指導者が理解、認識していること
- 多くのルール（規律）を連発して、ルールの価値自体を下げないこと
- できるだけ徹底すること
- 先生のキャラクターも意識すること

を大切にしています。統一感がないと「隣のクラスはいいって言っているよ」と規律の抜け穴をつくる子が出てきます。その子が悪いだけではなく、子ども達は不平等を感じます。子ども達は不平等には敏感です。そのため、できるだけ学年統一を図っておくと学年で指導できるので楽です。また、「なぜこのルールがあるか」についてポリシーがあれば、説得できます。

私は、初任や二年目の頃は、あまり学年での統一を考えず、強引に進めているところがありました。その結果、やはり、不公平が出て、他の先生ともうまくいかなくなってしまったことがありました。実践でオリジナルを求めることと、ルールの統一を図っておくことは違うことなのですが、そこを勘違いしていたのです。やはり、先生方と協力して統一するべきルールは統一しておくべきだったと反省しています。

教師のキャラクター（特性）も学習規律においては重要だと考えます。厳しい先生もいれば、あまり気にしない先生もいます。どちらかが悪いというよりは、それぞれのキャラクターでもあると思います。学校や学年によって、柔軟な対応が必要です。

また、「授業づくりネットワーク」の活動に参加するようになり、代表の上條晴夫先生から、活動をスムーズにするためのルールの存在を学ぶことができました。今後は、学校教育の中でグループや協同という形で学ぶ場面が増えていきます。こうした中で、仲間と学習をいかに進めていくかのルールも考える必要が出てくると考えています。

大切なことは、ルールは厳しく怖い顔をして守らせるだけではなく、守るまで笑顔で言い続けるということだと思います。ルールは数が多いことが大切なのではなく、守らせることが大切なのです。継続していくことが重要です。初任の頃の私は、「怒って」はいましたが、「厳しく」はありませんでした。それがいけないことだと思いました。今は、できるだけ「怒らず」、「厳しい」先生になろうと努力しているところです。

③　見通しをもたせる

見通しをもたせること

これがこれからの授業で特に重要になると考えています。初任の頃からずっとこだわって取り組んできたのが、「見通し」をいかにもたせるかでした。

学習者にとって、次に何をすべきか、何をするのかが分かることは、授業に安定感を生み出すからです。

学級の中で、授業になかなか入っていけない子は実に多くなっています。かつての教え子に落ち着いて席に座っていられないB君がいました。まわりの先生の支援もあって、とても落ち着いていきましたが、あと一歩という状況でした。

そうした時、私は二つのことを考えました。それは、でした。

(1)　あとどれぐらい座っていればよいかが彼に分かるようにしよう。(見通しがある授業)

(2)　もう一つは、立ち歩いてもよい授業のあり方を考えよう。(活動を取り入れた授業)

そんな時、社会科を研究していた後輩の先生が、教室に授業の進め方を貼っていました。

「これだ」

と思いました。

そして、私も教室に授業の進め方（流れ）を掲示し、「立ち歩いてもよい時間をつくろう。その上で、あとどれぐらい座っていられるか分かるようにしよう」とストップウォッチやクッキングタイマーで知らせることにしました。

立ってよい時間帯には、自分が調べたことを仲間と交流して、時には仲間のノートを写してもよいと話しました。立って好きなだけ動いていいという指示を出した時は、彼は逆に驚きもあって座っていたのを覚えています。以前は立ち歩いていたことから、仲間とうまく溶け込めない自分を彼なりに心配していたのでしょう。しかし、授業を通して彼は自由に好きな仲間のところに行き、学習をすることができ、いきいきしてきました。

そんな彼が学習に慣れてくると、

「次は○○君としてみたら」

とちょっとだけ話しかけ、少しずつ輪を広げさせようとしました。

座っている時間も、少しずつ増えていきました。「あと、少し」だと分かると彼はすごく安心できたと思います。

彼はその後、次の学年では、何事もなかったかのように座って授業を受けるようになりました。

今の学校教育を考えると、座って話を聞く＝座学は学校教育の多くを占めています。そのため、立ち歩くなどの動きのある授業をしかけていく一方で、座学にも慣れておく必要があります。中学、高校に進学すれば、ほとんどが座学の授業です。そうした座学に対して、うまく対応できない子は多くいます。その子達に見通しをもたせることで、対応のきっかけを生み出します。

なぜ、このようなことをしたかというと、私自身が、とても落ち着きがない多動の子だったからです。母曰く、幼い頃は「いつも動いていた」そうです。今でも、じっとしていることがとても苦手です。

しかし、今は、「あと、数分、がんばろう」と自分に言い聞かせることができます。そうした私自身の落ち着かなかった経験が彼には生きたと思います。とにかく、どのような活動でも、見通しをもたせ、次にするべきことがはっきりすると授業は安定し、子ども達は安心して楽しく学べると考えています。

4　関係性（リレーション）をつくる

小学生だけではなく、中学生にもあてはまることかもしれませんが、リレーションをつくれることが教師にとって大切なスキルであると考えています。

リレーションとは、日本語に直すと関係（性）という意味です。つまり、「人間関係をつくる」ということです。私自身、今でも一番苦労しているところです。

リレーションについて、私は大きく、

> 教師と子どもの関係をつくること
> 子どもと子どもの関係をつくること

の二つがあると考えています。

① 教師と子どもの関係をつくる

まず、「教師と子どもの関係性づくり」についてです。

リレーションは子どもにへりくだるという意味ではありません。私の場合、授業以外では、とてもフランクに話しますが、授業ではできるだけ丁寧語を使うようにしています。子どもと教師の線を引く意識をもつようにしています。これは、初任時代から続けてきたことです。曖昧な関係になることがすごく怖かったのです。あくまでも教師と子どもの関係性は維持しなくてはいけません。言葉づかいなど、「距離の線引き」をすごく意識しています。

その上で、リレーションをつくるには、

まず、笑顔

だと考えています。

上越教育大学の赤坂真二先生が小学校教諭の頃、とても指導が大変だった子どもに対して、毎日笑みを投げかけていたという話を聞いたことがあります。毎日、にこやかな表情で子どもを迎え入れることはとても大切です。

また、

ちょっとした声かけ

も意識しています。サッカー元日本代表のザッケローニ監督は、どの選手でも気がつくとフランクに声をかけたり、ウィンクしたり、ちょっとした一言で励ましたりするそうです。「君ならできるし、ここでがんばるといい結果が出るぞ」といった声かけをし、アジアカップで選手達の意識を高めたそうです。(『サッカーダイジェスト』二〇一一年八月九日号「成功を呼び込む『監督力』」より)「信頼して声をかけて距離を縮める」は教師も身につけたい技術です。

また、関係性は、授業の中でもつくり出すことができます。

それは、

指示・発問・説明を明確にする

ことです。初任の頃の私の言葉を使えば、

分かりやすくはっきり伝えよう

ということでした。

私は、千葉大学の藤川大祐先生のツイッターやＨＰ、勉強会、辞書などを参考にしながら、

指示…指し示す・命じるなど、何をするべきかを具体的に伝えること
発問…問いを発する・質問するなど、答えを知っている人（先生）が質問すること
説明…分かりやすく伝えること

と、位置づけて使い分けて話そうとしています。

特に、学習の課題に取り組む場合は、活動ごとに番号をつけ、視覚的に理解できるように心がけています。

例えば、小学校で教えていた頃、テストに取り組み、その後どのようなことをすればよいか、

一時間にするべき課題を黒板に書き、明確にしたことがあります。

こうしたことによって、落ち着いて学習することができるようになりました。

また、京都の「明日の教室」の研修会で、

ナンバリング（番号をつけること）

の方法を教えてもらい、とても素晴らしいことだと強く感じました。そこで、

「一つ目に～をします」

「二つ目に～をします」

というように分かりやすく話したり、ワークシートに学習の活動の順番を載せておいたりするようになりました。説明する時もこのナ

ンバリングはよく使います。

私は元々滑舌があまりよくなく、そのため指示が伝わりづらく、子どもが聞き直すことがありました。先輩の先生から指導を受けることも多くありました。しかし、ナンバリングを意識することで少しずつよくなっていきます。

指示・発問・説明が分かりやすく、それらに応じることによって認められ、ほめられれば、子ども達はやる気が出ますし、先生との関わりもよくなります。

また、

叱る基準を明確にしておく

ことも心がけました。人は誰でも叱られるのはイヤです。私もとてもイヤです。

そのため、教師は、「どんなことをしたら叱るか」を明確にしておく必要があります。叱るということは、「してはいけない」という強いメッセージでもあるので、教師が明確にすればするほど、授業は引き締まったものになります。

一方で

「叱る」だけではなく、「笑い（笑顔）」

もとても大切にしました。授業で十二分に笑うことができれば、これほど楽しいクラスはありませんし、笑わせてくれる人に対して信頼感をもちます。人は「笑い」がある人を好きになると思います。

叱られる基準だけでは恐怖政治になってしまい、暗く重い授業になってしまいます。「笑い」があふれることと、してはいけない「叱り」の基準がはっきりしていると、授業にメリハリがついてきます。

② 子どもと子どもの関係をつくる

次に、「子どもと子どもの関係性づくり」です。

私は、

温かく「注意し合える」関係性

が目標とすべき関係であると考えます。

「静かにしようよ」

「がんばろうよ」

と言われた時、「うるせー」とケンカになっては意味がありません。

ラポールという言葉があります。これは、もともと臨床心理学の言葉ですが、お互いを信頼し合い、安心して自由に学んだり遊んだりして心（感情）の交流を行える関係を築くことです。教室全体が「笑い」に包まれると、この関係性が生まれてきます。学級通信でお互いのよさを紹介し合うことも行っていました。班長などのリーダー組織をつくって、助け合い、励まし合う活動も取り入れていきました。

こうしたことに加え、私は、授業の中で、小集団での交流やグループでの自由な学び合いを大切にしてきました。グループにしてちょっと話し合うだけでも自然な関係を築くことができます。

「立ち歩いてもいいから、学んでおいで」

と声かけすることもあります。

一方、お互いに注意し合う大切さをよく話し、トラブルに対しては終わった後、よりよい関係が生まれるように、全力を投入する勢いで指導をしています。

現場の感覚では、いつもコツコツやっている女の子が、「静かにして」と小さな声で言っただけで、それが全体に響いてくれれば素晴らしいクラスの状態だと思います。尊重し合える関係であれば、注意し合っても傷つきません。

ただし、すぐ関係性が生まれるわけではないので、「継続」が大切になってきます。それが普段の授業ですべきことだと考えています。

5 前日にすることは前々からしておく

中学校では、同じ授業を何回か行うこともできますし、一度に準備していく内容は、三つぐらいですむでしょう。しかし、小学校の担任の先生はそうはいきません。違う教科を何時間ももちます。高学年であれば、六時間全く違う教科の授業を受けもつことがあります。

中学校の先生が人事交流で小学校に行くと苦労するという話を聞いたことがあります。

実はこうした授業の取り組み方の違いも大きく関係してくると思います。

初任の頃の私は、そんな全く違う教科の授業をどうやって準備しようかと毎日右往左往している状況でした。

この状況を変えたいと考えた時、

前日にすることは前々からしておく

ように考えました。

そして、

最低でも数日前から準備を始めていく

ことにしました。

学習指導要領や教科書の指導書などを読み、授業を通して

- **課題はどんなものか**
- **最終的にはどんな力をつけるか**

・単元の中でどんな活動をするのか

をおおまかに知り、メモ程度でもよいのでまとめていきました。特に大切なことは、

いつ、何をするのか

という時間管理（タイムマネジメント）をしっかり計画しておくことです。

つまり、単元ごとで教材を研究し、先の先を見て教材をつくっておいたり、研究しておいたりすることにしました。最低でも授業が始まる一週間前から準備をしていくようにしました。

経験が増えれば、今までつくった教材も使えますし、少しずつ調整する形ですみます。

感覚としては、料理の

つくり置き

に似ています。

今は、大型テレビが教室に入ったため、プレゼンソフトに、
・課題
・資料
・まとめ
をどんどん入れておくようにしています。

単元ごとに一時間の授業でスライド五〜一〇枚程度にまとめておきます。そうすることによって、来年同じ授業をする時は、それをもとに改良することができるので大幅に時間を短縮できます。

また、単元ごとで教材研究といっても、研究授業のような単元構造図にまとめることはほとんどありません。流れをA４一枚（次ページ参照）にまとめたり、手帳や学級経営簿に一、二週間先の予定を入れたりしてできるだけ多くの時間をかけないようにしています。その分、おもしろい資料を探したり、いかに授業が楽しくなるか考えたりすることに多くの時間を費やすようにしています。

授業の流れ（筆者が取り組んだもの〔中学校〕）

国の政治のしくみ

1．衆議院と参議院の選挙制度
①これは何？<国会の写真>
②国会は何をするところ？＊教科書から調べる
・立法（唯一）　・国民の代表　・国権の最高機関
③なぜ、立法は国会だけ？
④参議院と衆議院どっちが強い？
①選挙制度を比較して
②実は衆議院が優越なのだけど，
なぜだろう。
・解散権がある→国民の意志が強く結びついている衆議院の意志を大切にする。
⑤ねじれ国会を考える。
・与党が衆議院で3分の2以上ない。参議院は野党の方が多い。
どんな問題があるのだろう。

つまり，与党は参議院で法律が通らない。でも，野党も衆議院では少ないから野党側が主張する法律が通らない。
⑥どうすればよい？

2．プリント学習　p.78〜81　国会のはたらき　行政と内閣

3．規制緩和・たてわり行政を考える
①この人はだれ？野田さん！
②どんなことをしたか？
郵政民営化について考える。＊資料集を生かす
③規制緩和—あなたはどっち？
A「政府による細かな規制や指導によって国民生活を守る」
VS
B「規制を少なくし，自由な競争を進めた方が国民の利益となる」
意見を書かせ，話し合わせる。
④現在はBへ
行政の肥大化・たてわり行政→規制緩和：ただし，批判もある。

4．法はなぜあるの？
・法（決まり・ルール）の役割
権利を守る。争いや犯罪を裁く基準。事故・事件を解決する
→だから，大多数に支持されないといけない。
・法を裁く場所
①裁判・司法
②最高裁判所　下級裁判所：高等裁判所　地方裁判所　家庭裁判所
簡易裁判所
③図を見て：三審制／刑事民事　控訴／上告
④なぜ三つもあるの？
⑤足利事件について考える　＊司法権の独立

6　つまんない教科を変えたい

さて、初任の頃の私は、後期頃から少しずつですが、学級が安定し、授業もうまくいき始めていました。

しかし、なかなか楽しくできない教科がありました。

それが、社会科でした。自分で言うのも何ですが、

すごくつまんない教科（泣）

でした。

小学校で担任していた時のことですが、好きな教科についてアンケートをしました。社会科は最低の結果でした。

大学で社会科の免許を取った者としては大変恥ずかしく、くやしいばかりでした。

しかし、もっと、驚くべきことがありました。それは、「他の学校の子達は、社会科につい

てどんな意識をもっているのだろう」と思い、インターネットで調べた時のことでした。下図が結果です。

グラフは、ベネッセコーポレーションの「小学生の学習に関する意識・実態」に対する調査から作成したものです。小学生に教科や学習の時間の勉強がどのくらい好きなのかについてたずねたものです。「とても好き」＋

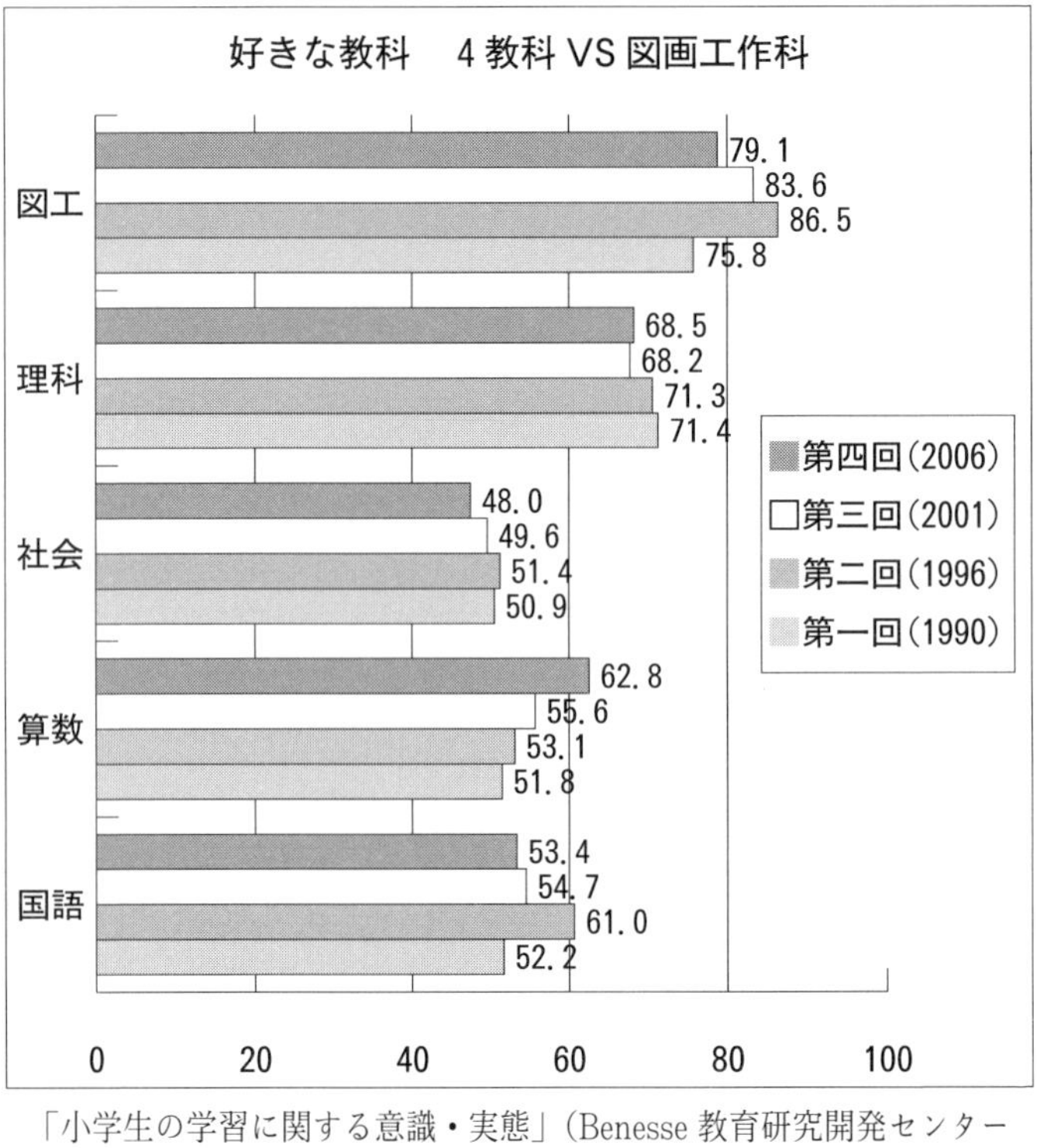

好きな教科　4教科VS図画工作科
図工
79.1
83.6
86.5
75.8
理科
68.5
68.2
71.3
71.4
社会
48.0
49.6
51.4
50.9
算数
62.8
55.6
53.1
51.8
国語
53.4
54.7
61.0
52.2
0
20
40
60
80
100
第四回(2006)
第三回(2001)
第二回(1996)
第一回(1990)

「小学生の学習に関する意識・実態」(Benesse 教育研究開発センター『第4回学習基本調査・国内調査報告書　小学生版』2007年）より引用
http://benesse.jp/berd/center/open/report/gakukihon4/syo/hon2_1_01.html

「まあ好き」の％を表しています。

見てお分かりのように、社会科は、過去の調査の「四教科の中で好きな教科」で最下位に甘んじています。実技科目も入れれば、つまり、社会科は、

すべての教科で一番人気がない教科

といってもよいでしょう。常に人気の上位である図画工作科の半分程度になっている年もあります。この結果を見て、私はすごくショックでした。

私の父は社会科の中学校教師でした。父がとても楽しそうに教材研究に取り組んでいる姿をいつも見てきました。一緒に近所の矢じりなどが出る縄文や弥生時代の遺跡を調べに行ったこともあります。国立博物館に何度も足を運び、調べ、発見する楽しさを教えてもらいました。

その父は、私が高校生の時に白血病で亡くなりました。父と私の約束は、大人になったら一緒にエジプトのピラミッドを見に行こうでした。それが叶わない夢に終わり、とても残念に感じています。

私にとってはそんな思い出深い社会科でもあります。

しかし、私が大好きな社会科は、子どもにとっても先生方にとっても、人気のない教科になりつつあります。（すでになっているかもしれません。）

「社会科がきらい」

こうした声が、あちらこちらから聞こえてきます。社会科に関連する教育書でも、「社会は楽しくないと言われるが……」という書き出しから始まっていることもあります。ベネッセのみならず様々なデータや資料を見ても、あまりよい話は聞きません。

しかも、「社会科は楽しくない」という声は、子ども達だけではなく、先生方にも多いということです。話を聞くと、

「教えづらい」
「話し合い活動が難しい」
「知識だけの伝達になってしまう」
「体験だけになっている」
「暗記教科だよね……」

などと言われてしまいます。

ちなみに、ベネッセの調査は、九〇年からスタートしています。社会科が好きではないと調査に答えた世代は、すでに成人し、二十代、三十代になっています。社会科が楽しくないと感じた人達が成人になっているのです。中には、先生になっている人もいるでしょう。

授業がうまくいかず苦しんでいる背景にこうしたことも関係していると私は思うようになりました。

そこで、私は、社会科を普段の授業の中で高めていくことで、

「いつも授業が楽しい」

となり、

「社会科が好き」

と言ってくれる先生や子ども達を増やしたいと考えるようになりました。

7　おもしろくなき社会科をおもしろく！

おもしろくなき社会科をおもしろく！

この言葉は、高杉晋作の辞世の句と言われている「おもしろきこともなき世におもしろく」を変えたものです。高杉晋作は奇兵隊を結成し、日本の夜明けをつくった人です。二七歳で若くして亡くなってしまいましたが、彼の功績はその後の日本に大きな影響を与えました。

私は、二校目が社会科を研究する学校だったこともあり、社会科の研究授業や実践発表もさせていただきました。そうした経験もいかし、何とか彼のように（はいかないけれど）、私も教育実践を通して、この社会科をおもしろくしたいと考えるようになりました。

ただし、研究授業のような膨大な資料集めや作成、指導案の作成などは普段の授業ではできません。そこで、まず、

社会科にとっておもしろい（楽しい）とはどういうことか

について考え、

「普段の授業」の中でできる「楽しい授業」

を追究することにしました。

8　社会科の三つの楽しさ

まず、社会科にとって楽しいとはどういうことか考えてみました。

おもしろきこともなき世におもしろく
おもしろくなき社会科をおもしろく！
高杉晋作
長瀬拓也

社会科の「楽しさ」は三つあると考えます。

一つ目は、事象、内容そのものの楽しさ

歴史上の人物や時代の様子など、社会的事象を知ったり、課題の解決をしたりするなどして、社会科の内容そのものに楽しさを味わうことです。子ども達が初めて知って「へぇ〜」と思えるような場面や内容をつくっていくことが教師には必要と考えました。

二つ目は、活動、体験の楽しさ

私自身、最後の低学年社会科の世代です。（低学年社会科は、その数年後に生活科になりました。）小学校二年生の時に体験した郵便局の学習は今でも覚えています。郵便局を子ども達が開いて、切手づくりや手紙の交換をした学習でした。とても楽しかったことが心に残っています。

また、子ども達の社会科が好きな理由に、社会科見学が挙げられることからも分かるよう

に、体験することも必要な要素だと思います。

三つ目は、出会いの楽しさ

社会科は、人や物との出会いだと感じています。歴史上の人物との出会い、日本国憲法との出会い、そして地域で働いている方々との出会い。社会科にはたくさんの出会いがあります。人は人によって成長します。社会科は人と人との出会いによって作られ、出会いをいかにつくり出すかが楽しさにつながるポイントだと思います。

この「楽しさ」の三つのポイントは、それぞれが切り離されず、つながり合っていると言えます。この三つをいかに学習の内容とつなげていくかを考えていくことが大切だと考えました。

毎回の授業がすごく楽しいというわけにはいかないかもしれませんが、大事なことは、子ども達が、「学べた」「楽しかった」とささやかに感じられる授業を普段の中でつくり出していくことなのです。

9　普段の授業で楽しくするには

授業を成り立たせ、楽しいものにするために、

- 「きく」身体化づくり
- 学ぶ意義や理由の意識
- 授業のルールの確立
- 関係性（リレーション）づくり

を行う必要があります。

しかし、普段の授業には多くの時間をかけられません。一度きりの楽しい授業ならよいかもしれませんが、普段の授業は毎日ずっと続いていきます。限られた時間で準備し、継続した「楽しさ」が求められます。

そこで、私は、普段の授業で社会科を楽しくするために、八つの視点で実践をしています。

① 関係性・ルール・学ぶ意義を「授業びらき」でつくる

② 授業で一定した学習の流れをつくり、安定化させる

③ 課題づくりの観（考え方）と技を身につける

④ 教科書やすぐ手に入るものをまず大切な資料とする

⑤ 効果的に資料を集めるコツを身につける

⑥　考えと記録を残すノートづくりの指導をする

⑦　ちょっとした工夫や教師のパフォーマンスを高める

⑧　教師自身がより学び続け、楽しむ

これらについては、以下の章で詳しくお話しします。

第2章　授業びらきに全力投入を

1　授業びらきはただのスタートではない

私は、授業は、一年を通じて

「ひらく」「つくる」「たかめる」「とじる」

の四つの段階があると考えています。

四月に授業びらきをして、子ども達と共に授業をつくり、高めていきます。そして、三月に一年間の授業を閉じます。

初任時代の反省から、授業で一番重要なことは、この「ひらく」時だと考えています。

ここで、ただ「楽しかった」で終わってしまったり、何かの活動をして終わってしまったりはいけないと思います。私は、初任の頃は、怒って終わっていたかもしれません。一番よくないケースだったと思います。

春の始業式から数日。子ども達はやる気に満ちています。

この子ども達の高まりの時に、一年間のベースをつくる必要があります。

先生もやる気ですし、始業式が始まる前、三月の頃であれば、時間は十分にあると思います。

研究授業と同じか、それ以上に多くの時間をかけ、計画を練ったよりよいものをつくる必要があります。私は、授業びらきは、

ただのスタートではなく、授業の土台をつくる日

だと思っています。

授業びらきですべきことは、まず、

です。

関係性（リレーション）をつくりルールを把握させること

できれば、**社会科を学ぶ意義**も考えさせたいところです。

前年の担任の先生が専門教科を社会科としていたり、すごく社会科の授業が楽しいと感じている子ども達ばかりであったりすればいいのですが、そうしたことはあまり期待しない方がよいでしょう。子ども達にとって社会科は、「どちらかというときらい・きらい」の教科であるというぐらいに思って、「絶対楽しくさせてみせる」という気持ちで初日は臨むことにしています。とにかく、「笑い」あふれるものにし、「楽しい」と思わせたいものです。

まず、授業の最初に、自己紹介も踏まえながら、授業のルールについて簡潔に話します。「絶対守る三つのルール」（①話を聞く、②全員ができることを目指す、③学習のルールは守る）を話します。ただし、ルールは、話したからといってすぐできるものではありません。一年間継続して指導していく必要があります。「この三つはこだわっていくからね」と話します。

私の場合は、次に、よく学習クイズをします。最近は「この人、誰でしょう」クイズをよくしていきます。タレントや社会科に関係するもの、地図、職員室の先生方の写真を見せながら、名前を言わせていきます。卑弥呼や織田信長などといった人物も入れていきます。子ども達は、「あ！　わかった」と叫びます。「おお、すごいな。天才！」などと教師もできる限りの明るさや笑いを入れて応じます。○×の札や音が鳴るものなどをもっていくこともあります。

ちなみに、クイズは、蔵満逸司・中村健一著『42の出題パターンで楽しむ痛快社会科クイズ608』（黎明書房）やバカリズム著『都道府県のもち方』（ポプラ社）などを参考にしています。クイズ以外では、五円玉を使って授業びらきをすることがあります。ちなみに「五円玉の授業びらき」は、よく知られた実践です。『基礎学力

をつけるワザコツヒケツ　奇跡をおこす３日間―学年はじめの学力づくり―』（金井敬之他著、フォーラムＡ）などを参考にしています。

ただし、大切なことは、ここで終わりにしないということです。多くの場合、ここで、「楽しかったね」と授業びらきが終わってしまうことがあります。しかし、このあとが大切です。

私の場合、どの学年、学校でもこの後、「なぜ、社会科を学ぶの？」と聞きます。「楽しいから」と子どもが言えば、「楽しい以外で」と言います。

黒板に、

課題「なぜ、社会科を学ぶのだろう」

と書きます。

その上で、できるだけたくさん社会科を学ぶ理由を書かせます。時間は一、二分です。有田和正先生の言葉を借りれば、「鉛筆から火が出るぐらいの勢い」で、しゃべらず一気に書かせます。

そして、「交流タイム」とし、自分の意見を仲間と見せ合い、自分にない考えがあったら書かせたり、同じ意見があったりしたら○をつけさせたりします。このあたりは、毎年少し変わるところです。

それから、「社会科を学ぶ理由」を発表させ、板書していきます。

最後に、学習指導要領の目標をコピーしたものをわたし、説明し、ノートに貼らせて授業を終了とします。

そして、

「明日からの社会科は、まず、課題をつくり、自分で調べ、交流し、発表する形でしばらく授業を進めていきます。授業の流れを掲示しておくのでよく見ておきましょう。今日はとてもよくがんばりましたね」

と明日以降の授業の進め方について短く話し終えます。

つまり、前半は、笑いによって関係性（リレーション）をつくり、後半は社会科を学ぶ意義を考えさせながら、**課題→追究→交流→発表**と、学習の流れを実際に進め、把握させていきます。また、活動している中で、

「話す人の目を見て話を聞こう」

「全員が考えをもてるように交流しよう」

など、学習のルールも少しずつ話していきます。

2　授業びらきはストーリーを創る

授業びらきで大切なことは、「ストーリー」を創ることではないかと考えています。指導案以上に詳細に考えていくので、私は「ストーリー」と呼んでいます。どんなことを話し、どんなことをさせていくか、具体的で細かい動きをイメージし、デザインします。

毎日のすべての授業で指導案を書くことは不可能です。しかし、授業びらき、学級びらきは入念にストーリーを創るべきだと思います。そのあと、少しずつ書くことを簡略化し、頭の中でイメージしていくようにしています。

多くの名人と呼ばれる先生は、頭の中でこのストーリーを組み立て、実行に移すのが「名人」なのだと私は思います。発問や指示、説明だけではなく、どんな表情で、どんな動きをするかもイメージしています。お風呂に入っている時やちょっとした時間のある時にちょっとでいいので授業を思い浮かべる習慣をつけようと努力しています。

授業づくり
の
ストーリー
なぜ、社会科を…
?
今日は、ここまで

授業びらきのタイムスケジュール

1．笑顔で教室に入る
2．元気よく，あいさつ　2分
3．学習クイズ「この人（もの）はだれ(何)？」15分
4．「なぜ，社会科を学ぶのか考えよう」20分
課題を書く
ノートに考えを書く
（ノート指導も含めて行う。）
交流をする
説明を聞く
（交流は「聞く」ことが大切であることを意識させる。）
5．学習のまとめを書く　3分
6．ノート回収・チェックなど　5分

3　授業びらきで必要なことは「笑い」

関係性をつくる一番の所作は「笑い」です。

私は、授業づくりネットワークという民間団体で学んでいます。二〇一一年八月に福岡県で大会がありました。その際、菊池省三先生など多くの素晴らしい先生方とお会いしました。初対面の方もいらしたのですが、とても打ち解けることができました。終わった後、菊池先生から、「長瀬さんの笑顔がよかった」というメールをもらい、うれしいと同時にびっくりしたのを覚えています。

つまり、「笑い」は初めての人との距離を接近させ、緊張をほぐし、関係性を温める効果があるということです。菊池先生は、コミュニケーション教育の名人と言われる人ですから、そうしたことをすぐ気付き教えてくださったのだと思います。私自身、このことは最初あまり意識していなかったのですが、教育実習の頃、ニコニコする表現の練習をしなさいと指導を受けたことを思い出しました。

「笑い」の教育で日本の最先端を走っている先生は、中村健一先生です。中村先生は、笑いや笑顔、拍手を通じて子どもとの関係性を高めていきます。講座などであっという間に中村先生の笑顔に引きこまれた方は少なくないでしょう。

明治大学の齋藤孝先生も「笑い」の関係づくりが洗練されています。講演を聞く機会があったのですが、冒頭から十秒〜十五秒ごとに笑いを起こさせる話を入れていました。一つの小さな話題で必ず笑いを入れていることになります。観客はご高齢の方が多くいましたが、あっという間に齋藤先生に親近感と共感の輪が広がっていきました。

また、夜回り先生こと、水谷修先生が講演の時に見せる笑顔にこちらはほっとしてしまいます。水谷先生は、講演内容は笑えるものではなく、力強い演説でぐいぐいひっぱっていく感じですが、時おり見せる笑顔や自然な笑いに安心感をもちます。

ご本人達が意識しているか意識していないかは聞いてみないと分かりませんが、笑いを取り

入れることで、初対面の人たちと素早く関係性をつくり、温めていることは明らかです。
このことは、上條先生もおっしゃっていて、学校教育における「笑い」の重要性を説かれています。かつての教師は、まじめで堅い印象があり、歯を見せてはいけないという雰囲気もあったそうです。しかし、上下の関係性があったかつての学校とは違い、今は関係性をつくっていく必要があります。（上條晴夫『教師のためのパフォーマンス術』金子書房を参考）
皆が中村先生や齋藤先生になれるわけではありません。しかし、「笑い」は教師にとって必要な力や技だと言えます。
普段の授業の中で、毎日笑顔で過ごすことは難しく、私もイライラすることがあります。しかし、できるだけ、笑いを生み出す、また、子ども達が笑えないような時でも、ニコニコするだけで大きく変わっていきます。

４　ルールにこだわり、あきらめず

ルールの定着にこだわり、あきらめず

だと考えています。一年間かけてずっと最後まであきらめずに指導し続けることだと思って取り組んでいます。

授業びらきだけではルールはなかなか徹底できません。そのため、ルールを確立し、定着させるまで根気強く語り、ほめ、諭し、時には叱ることもしながら取り組んでいます。一週間、一カ月、一学期とそれぞれのスパンごとで振り返り、徹底させていきます。

第3章　流れと課題で授業をつくる

1　授業の流れが安定を生む

私が考える普段の授業のキーワードは、

> 安定・安心
> 継続
> 成長

です。

年間を通じて、安定して落ち着きがあり、継続して向上していくことが普段の授業で一番大切にしていることです。

ただし、ここでの「**安定**」は、ただ静かにしていることという意味ではありません。子どもがじゃまされたりいじめられたり、学習に集中できない状況を生み出さないということです。「**安心して学べる**」という意味です。そのため、絶対いじめを生み出さない、生徒が主役であることを学級経営の柱とし、リーダーによる学級の組織化、日記（生活ノート）の交流、フォトストーリーによる行事の振り返り（デジタル写真をスライドで見せ、感想を書かせること）、二者懇談など……学級経営に力を入れ、授業も連動させるようにしています。

初任の頃、授業以前に学級が落ち着かず、トラブルが絶えないことがありました。そのため、授業を成立させるために学級を何とかしようとするのではなく、学級を成立させるために授業をつくろうとしたことが現在まで続いています。

授業を成立させるための学級経営

がよく言われますが、私の場合むしろ逆で、

学級を成立させるための授業づくり

を目指しています。子ども達が目標をもち自治的に運営できる学級になれば、授業もおのずと安定し、楽しくなると感じたからです。

その上で、大切なことが「**継続**」です。先生も子どもも学習を続け、力をつけ続けていくことが求められます。夜遅くまで先生が授業研究をしすぎて、体をこわし、学級経営がうまくいかなくなるということなく、普段の生活の中で無理なく取り組めることを目指しています。

さらに大切にしたいことが「**成長**」です。

普段の授業をつくることは、授業をただ単純に続けていくということではありません。子ども達が年間を通して成長していく必要があります。また、教師自身も成長していかなくてはいけません。

授業に流れや型ができると、安心・安定した授業を生み出します。今まで拙著の中で、授業の流れや型を紹介してきました。私の授業の場合、四年目あたりからこの型になってきました。

学習の流れ＝私のオーソドックススタイル＝

1　課題づくり	……何を学ぶのかを明確にする。
2　予想・見通し	…今日，するべきことの見通しをもつ。
3　追究	……………資料と向き合って調べ，考える。
4　交流	……………仲間と学習したことを交流する。
5　ふりかえり・まとめ	…書くことを通じてふりかえる。

しかし、これだけをずっと続けているわけではありません。

毎日、刺激的な授業をすればよいのですが、私も含め、多くの先生は多忙であり、すべてできるわけではありません。オーソドックススタイルと名付けた私の授業の型では、

- 資料に対して一人で向き合い、一人で調べる力をつけたい。
- 仲間と交流し、学び合い、協同学習ができるようにしていきたい。
- 一斉授業のように全体で話し合わせる場面も経験させたい。

という三つの思いからつくられています。これは、多くの諸先輩から学んだことです。

また、次ページにもあるように、最初は授業の型を創り、だんだんとワークショップなど一斉型ではない授業をしていき、最後は、一斉授業のような聴き合うもとの型に収める形で終了します。

この授業への意識は、剣道などの武術でもあるように、「守破離」の考えを取り入れています。

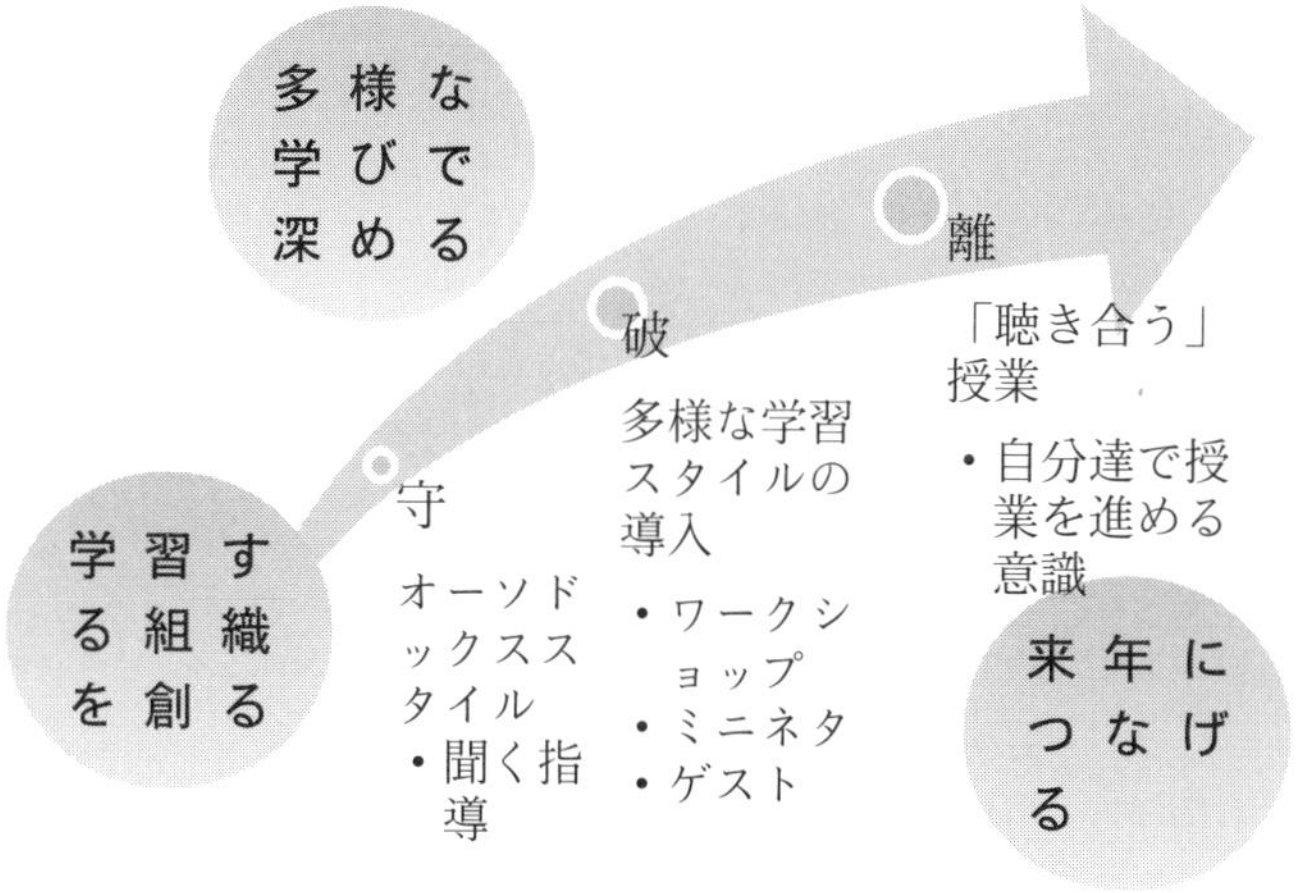

もとの意味とは多少異なりますが、

●「聞く」中心のオーソドックスな授業を守りながら
●次第にワークショップなどを加えて授業の型を破り、
●どんな授業でも対応できる身体に子ども達をし、
　私の授業スタイルから離していく

ことを意識しています。

小学校では、クラス担任の持ち上がりをすることが少なくなってきました。また、中学校に進学していくことも考える必要があります。そうすると、ワークショップ型の授業で積極的に学び合うだけではなく、一斉授業でも「聞く」力をつけ、自分で学んでいく必要があります。普段の授業づくりは、「日々の習慣の授業づくり」でもあるので、一年後、二年後と先を見ていく必要があります。

また、小学校三年生の最初の頃は、町探検など、活動型の授業が多く、授業の流れが組めないと考える先生もいると思います。

そういう場合、私は、授業を一時間で区切るのではなく、二時間、三時間で一つの流れという形で進めていくようにしていました。

例えば、六年生の授業の場合です。鎌倉時代の学習とします。課題を「なぜ、源頼朝は鎌倉に幕府を開いたのだろうか」とします。教科書や資料を読み、まず自分で追究します。その後、仲間と交流し、全体で交流や振り返りをしていきます。この場合、一時間の授業で終了します。

次に、三・四年生の授業で校内の防火施設を調べる学習をするとします。例えば、課題を「熱探知機はどこにどれぐらいあるのだろうか」とします。この機械は何だろうと疑問をもたせ、課題をつくっていきます。

その後、実際にどれぐらいあるのだろうかと調べに行きます。次に調べ終わった後、どうして、教室に多くあるのか考えを出し合い、教科書などの資料を通して深めていきます。この場合、少なくとも三時間は必要になります。ただ、課題づくり・追究（調査）、小集団での交流（検討）、全体発表（討論、話し合い）の形は変わりません。一時間ですることは六年生と比べて少ないですが、つながり合っています。

小学校6年生の授業例

～「武士の誕生と鎌倉幕府の成立」
1）課題づくり：日本地図を見ながら，
　「なぜ，源頼朝は京都から離れた鎌倉に幕府を開いたのだろう」と課題をつくる。
2）予想・見通し：学習の見通しを立てる。
3）追究：教科書などの資料から調べ，書きまとめる。
4）交流：追究したことをグループやペア，スクランブル（立ち歩いて多くの仲間と）などで小集団交流する。その後，全体で交流し，話し合う。
5）学習をふりかえる。

※1時間で終了

小学校3・4年生の授業例

～「災害を防ぐ取り組み」
1）課題づくり：写真を見て，
　「熱探知機はどこにどれぐらいあるのだろうか」と課題をつくる。
2）予想：予想を立てる。
　見通し：見学の順路など「作戦」を立てる。
　↓
3）追究：校内を見学する。
　↓
4）交流：調べたことを交流する。
5）学習をふりかえる。

※何時間かに分けて行い，終了

つまり、三・四年生の社会科であっても、一定の流れで見通しをもって進めることができるということです。

授業が安定すれば、先生自身がゆったりと構え、落ち着いて授業することができます。子ども達は先生方の普段の様子をよく見ています。先生の表情が穏やかだと子ども達も安心します。ただし、この型は、ずっと同じことを続けていくのではなく、子ども達の実態に応じて変えていくことが大切だと思います。

2 課題づくりで大切にしたいこと

社会科で一番大事なものは何かと聞かれたら、私は「課題」づくりだと思います。学び合いでも、一斉授業でも、ワークショップでも、どんな学習でも課題が明確であれば、学習は効果的に進みます。

しかし、課題があいまいであれば、学習も進まなくなります。

課題につながる発問では、

Why 発問（なぜ……なのだろう）→思考・判断につながる
What/How 発問（何を・どうやって……するのだろう）→知識・理解につながる
Where 発問（どこで……なのだろう）→資料活用につながる

などがあります。これは、岩田一彦先生の『社会科固有の授業理論　30の提言―総合的学習との関係を明確にする視点―』（明治図書）や多くの先生方に教えてもらったことを参考にしています。私は

課題づくりの５Ｗ１Ｈ

と呼んでいます。例えば、六年生社会科の「鎌倉幕府の成立」について課題を作ってみると、

①「源頼朝はなぜ鎌倉に幕府を開いたのだろう」
②「源頼朝はどうやって鎌倉に幕府を開いたのだろう」

③「源頼朝は鎌倉のどこに幕府を開いたのだろう」

というように、学習する視点が変わっていきます。

Why 発問では、「どうして」や「なぜ」という追究によって、資料から調べようという強い学習意識が生まれます。

一方で、「何を・どうやって」といった What/How 発問は、調べる幅が広く、調べたことそのものが答えになることが多くあります。調べやすさであれば、What/How 発問です。ただし、調べる幅が広いので課題が少しぼやけてしまうことがあります。

Where 発問は、どちらかというと地理的分野で多く生まれる発問だと思います。クイズ形式や地図帳を使って、「その場所を調べてみよう」という時に使うこともできます。

それぞれによさがあり、問題点もあります。例えば、Why 発問は課題が焦点化され、一番追究する気持ちを高めますが、多くの内容を調べたい授業など、場合によっては適さない時もあります。そのため、使い分けていく必要性があるといえます。

また、授業が進むにつれ、「どこからそのことを考えたの?」「今までの話し合いをまとめると、どんなことがキーワードとして考えられる?」「この言葉ってどういう意味?」と課題にもう一度立ち戻って、揺さぶったり、まとめたりする発問があります。以前教えていただいたのは、農家の方の工夫について知る学習で「安心、安心っていうけど、安心ってどういう意味？」と

言葉を置き換えたり、捉え直したりする

発問の方法です。これは、Why と What が組み合わさったものだと考えています。言葉について深く問うことは課題づくりにも使える方法です。

3　課題づくりの技

多くの先生が困っているのは、実はこの課題づくりではないかと思っています。名人と言われる先生は、課題を子ども達とズバッとつくり上げていきます。しかし、私も含めて多くの先生は、実際はなかなかうまくいきません。その上で、私が苦労しながら取り組んでいる例を紹介したいと思います。

まず、楽しい授業にするために、子ども達が強い課題意識をもち、資料と向き合えるように工夫する必要があります。それは、「調べたい」という気持ちが高まり、子ども達の学びのしかけになるからです。

そのために、子ども達が既習事項や普段の生活などで学んだことと比べて、「なぜだろう?」と疑問をもち、今までの認識にズレが起き、もっと調べてみたいと思うような資料の提示を心がけたいところです。

そこで、以下の二点を中心に課題づくりに取り組んでいます。

① 数値の大きな変化で課題をつくる技

グラフやデータの提示を工夫し、強い課題意識を目指す

例えば、廃藩置県によって、三〇〇近くあった藩が七〇あまりの県になったことを取り上げ、「なぜ、政府は多くの藩を減らし、県にしたのだろう」と幕府から新政府になって大きく変化させた経緯を調べることを課題にしたことがあります。

　また、学制や教育令によって、小学校入学者が明治末期にはほぼ100％になった経緯を示し、「なぜ、明治時代の終わりになるとほとんどの子が小学校に入学したのだろう」と明治政府の改革について調べる課題で学習を行ったこともあります。
　こうしたグラフやデータを用いた課題化の場合、特徴付けたり、一番の大きなズレを最後に提示したりすることで、より強い課題化につながるのではないかと考えました。

数値の大きな変化を効果的に示す　A（特徴づけ）

数値が大きく，変化したことをはっきり示すことで，課題化を生み出す。

ズレを生み出し課題化する。

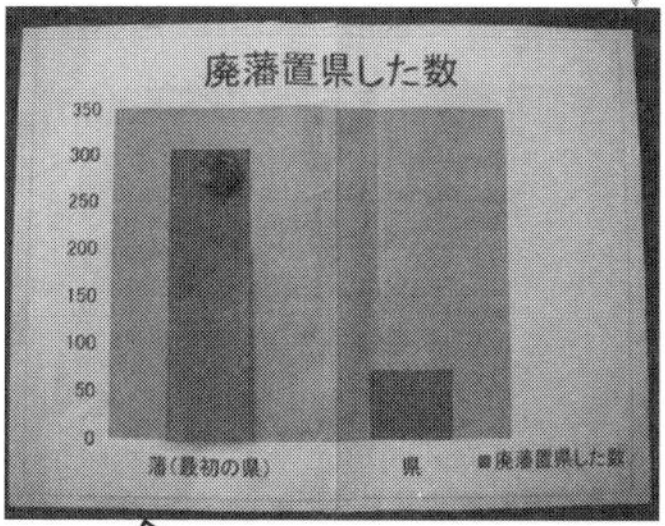

藩と県の大きな数の差を掲示する。

数値の大きな変化を効果的に示すＢ（後出し）

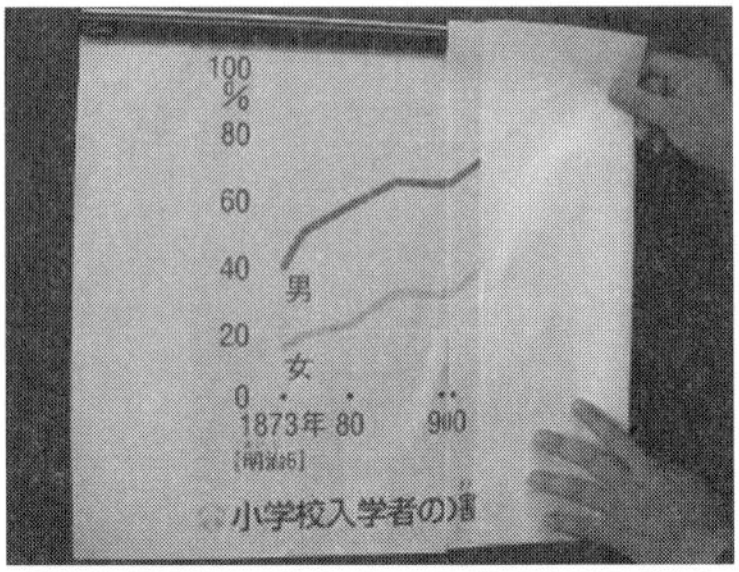

最初からすべてを提示するのではなく，半分だけ見せて考えさせる。

わぁ！　なんでこんなにちがうの！？

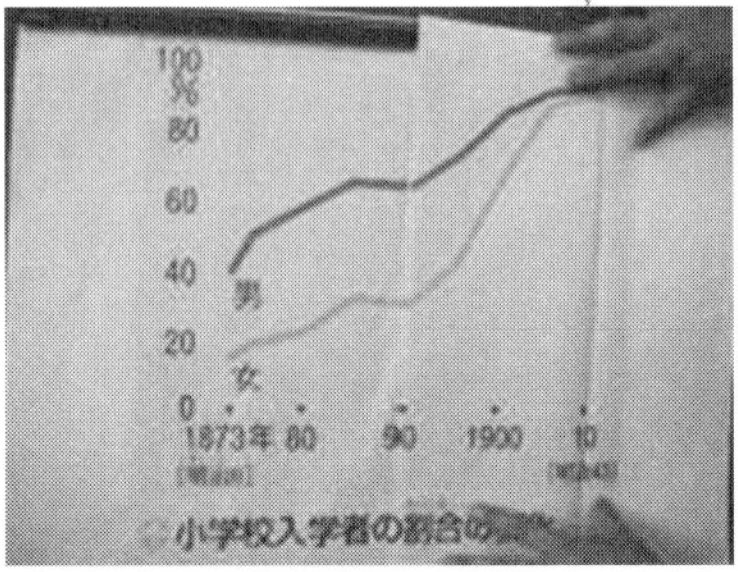

残りの半分を後で出して，大きな変化が起きていることを知る。

②　図解資料の提示で課題をつくる技

歴史学習の場合、すべての授業で、グラフやデータの数値の変化による課題づくりを示していくことは難しいといえます。しかし、図解資料の提示を工夫することで、今までの認識にズレが生み出され、強い課題意識をつくりあげることができると考えました。

例えば、紙で図解を隠して少しずつ、見せていきます。子ども達の「○○だよ」「××となるんじゃないかな」といったつぶやきを受けて、先生が「そうだね、○○だね」「いま△△さんがいいことに気づいたよ、みんな聞こえたかな」「さあどうかな、残りの部分を見てみよう」などと、子ども達のつぶやきをもとに授業を進めていきます。

ここで必要なのは、

子どものつぶやきを大切にひろっていく意識をもつ

ということです。

何よりも課題を一緒につくっていく気持ちが大切です。

また、写真をただ見せて、

「これは何でしょう」

と聞くのではなく、

「さあ、ちょっと見てほしいものがあるんだけど……」

と子どもたちの目を一人ずつずうっと見てから、
「じゃーん」

明治維新をつくりあげた人々
板垣退助
少しずつ隠し，部分的に見せる
資料を部分的に示しながら，意識を高めていくようにする。
なんで，こんな言葉を残しているのだろう。
板垣退助
わたし一人を殺しても自由は死なない。
文字なども取り入れ，最後に提示するなど工夫をする。

などの声を出しながら、写真を出すこともあります。こうした抑揚をつけることも大切な技です。その後で、「これ、な〜んだ」と語りかけることがあります。

このちょっとしたやりとりだけでも授業は活性化します。

ここで大事なのは、

「間」

です。

一瞬、静かになるような雰囲気をつくったり、わざとゆっくり出したりする工夫をしています。こうしたことは、いかに仕事に追われ多忙でも授業の中で取り組むことができます。

実は、こうしたことは研究授業ではよくしますが、普段の授業ではなかなかしません。私はこうしたことはむしろ普段の授業でこそしなくてはいけないことだと思います。

また、課題づくりは、「見せて嗅がせて食べさせて」だとも思っています。

グラフを見せたり、文章から考えたりするだけはなく、臭いや肌ざわりから考えさせてもおもしろい実践が生まれます。同僚の先生は、社会科の授業で近所の農家の方の野菜と育てる土をもってきて実際に嗅がせて課題をつくるなど、ユニークな試みをしていました。私も、新潟産のお米をもらって、実際に子どもたちと食べたこともあります。

視・聴・嗅・触・味の五感に訴える課題づくり

は、子どもたちを引きつけます。

4　長岡文雄先生から学んだこと

私が学生の頃学んだ佛教大学にはかつて、長岡文雄先生という社会科授業のとても有名な実践家がいらっしゃいました。学生の頃、長岡先生の本を読んでとても感動したことを覚えています。長岡先生は、私が入学する前に退職され、二〇一〇年に亡くなられました。とうとうお会いすることができず、とても残念に感じています。

課題をつくる時、長岡先生の言葉をいつも大切にしています。それは、「子どもにとって切実な課題を目指す」ということです。

長岡先生は、「『子どもにとって切実』とならない限り、人間をゆるがす教育には無縁である」（長岡文雄『授業をみがく─腰の強い授業を』黎明書房）と述べています。子どもにとって身近な問題を「何とかできないだろうか」という、学習者である子ども自らの切実さから生まれてくる課題づくりは私の理想です。

私は名人でもないし、優れた理論家でもありません。授業も苦労しながら日々取り組んでいる一人の教師です。そのため、なかなかうまくいきません。しかし、長岡先生が述べているように、子ども達の可能性や願い、志をさぐり出した課題にしたいという思いだけは忘れないようにしようと思っています。そのため、日々、子ども達が何に興味があり、関心をもっているか、どんな生活を送っているかなど、子どもを見つめることはとても大切だと考えています。

第4章　資料とノートで授業をより楽しく

1　課題の答えを資料から見つけよう

子ども達には、「課題の答えを資料から見つけよう」と話をすることがあります。多くの社会科の指導書や書籍にも書いてあるのですが、社会科の学習は、教科書を暗記するのではなく、追究する課題（問い）に対して資料から見方や考え方（自分なりの答えとその根拠）を見つけることが大切です。ただ覚えるのではなく、「この課題に対してこのような資料からこう考えた」と伝えたり、書いたりする子を育てたいものです。

上條晴夫先生は『やる気と集中力を持続させる社会科の授業ミニネタ&コツ101』（上條晴夫

監修、佐藤正寿著、学事出版）で「教材には『問題』、『文章』、『教具』、『（学習）活動』という四つの存在形式がある」と述べています。ここでは教材≒資料として考えます。

例えば、少し考えただけでも、

- 問題……プリント、クイズなど
- 文章……教科書、副読本、資料集、新聞記事、パンフレット、自作資料、年表など
- 教具……写真、映像、地図、地球儀、具体物（お金、輸入品、リサイクルなど）など
- 活動……インタビュー、見学、ディベート、ミニネタ、ごっこ遊びなど

を思い浮かべることができます。他にもたくさんあります。教具と文章の両方ともあてはまるような資料も出てきます。ただし、大切なことは、何をどうやって学ぶかだと言えます。

その課題に対して子ども達が自分の見方や考え方を育てられるか

まずそのことを考えていくと必要な資料が何かが見えてきます。

私の場合、

この授業で必ず覚えてほしい、理解してほしい重要キーワード

を五つ程度必ず決めてから、資料を決めることにしています。

中学校の場合、教科書の重要語句は太字になっています。必ず押さえておきたい言葉はすぐ分かりますが、小学校の場合は、指導要領や指導書などで確認する必要もあります。しかし、この「必ず押さえるべきキーワード」を明確にしておくだけで、授業はより方向性がはっきりします。

また、社会科の場合、

① 課題づくりの資料……写真やデータなどで課題をつくりだすもの
② 追究の資料…………文章など調べたり考えたりする基となるもの
③ まとめの資料………ビデオ・具体物など学習のまとめとなるようなもの

など、三つあるとよいといわれます。現在勤務をしている市では、目標と課題とまとめを一本でつなぐような指導をするようにと教えてもらっています。

図にすると、

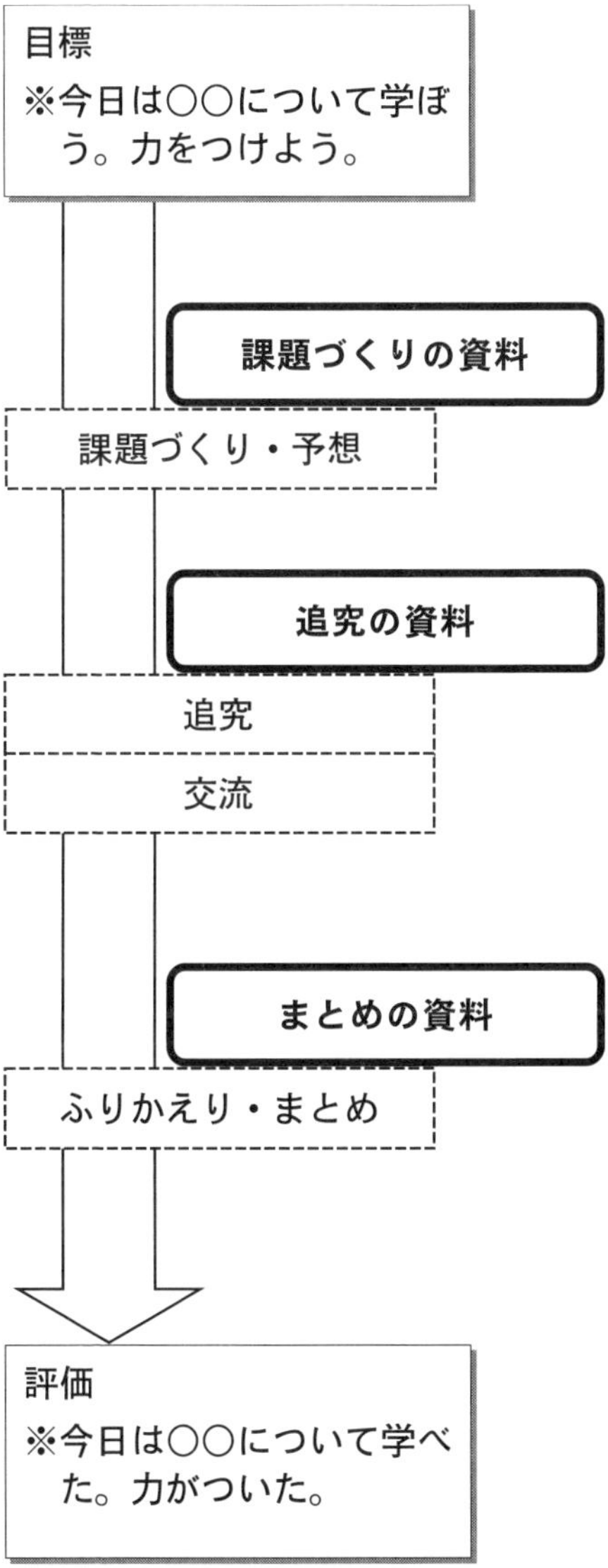
目標
※今日は○○について学ぼう。力をつけよう。
課題づくりの資料
課題づくり・予想
追究の資料
追究
交流
まとめの資料
ふりかえり・まとめ
評価
※今日は○○について学べた。力がついた。

という形になります。

しかし、普段の授業で毎回、このような資料を集めていくことは時間的にかなり厳しいと思います。そこで、大切にしたいことは、教科書です。

2　資料の基本はまず教科書

子ども達が学ぶ資料の基本はまず教科書だと考えます。

研修会で、ある社会科の先生が「教科書を使ったことがない」とおっしゃったことがあり、とても驚いたことがあります。

確かに、自作でどんどんつくっていくことができれば、必要ないかもしれません。しかし、社会科を専門としない先生や多忙を極める中で取り組んでおられる先生には少し難しいかもしれません。

多くの著名な先生が教科書を使う大切さを述べています。また、学び合いでも教科書を使う場を多く見ました。

教科書は、国の検定を通った教材であるし、その教科指導の面で日本のトップクラスの方々がつくったものです。また、評価のことも考えれば、市販のテストとつながっている教科書は使いやすいでしょう。

もちろん、研究授業や地域の教材を使う場合は、一から創り上げていく場合があります。しかし、多忙を極める中では、まず教科書を使って内容を理解し、考え方を育てていくことを目指す方が普段の授業に適していると思います。

例えば、

①　教科書の写真を拡大して見せ（課題づくりの資料）
②　教科書を使って読んだり、マーカーしたり、ノートに書いたりして（追究の資料）
③　最後に教科書を音読したり、ポイントとなる教科書の言葉をまとめる（まとめの資料）

という形で進めていけば、教科書だけでも有効に使えます。

私の場合、自作資料やプリントをつくる場合でも参考にするのはまず教科書です。写真も教科書に載っているものを参考にしたり、取り上げたりすることが多いです。

また、授業は教科書の使い方をほんの少し工夫するだけでも変わっていきます。

例えば、

・教科書を音読する
・教科書の重要な用語をマーカーする
・教科書の中から「問い」の「答え」を探す
・教科書を使ってクイズを出す
・教科書の一文を読んで考えを書く
・教科書の写真を拡大して課題化に使う
・教科書のグラフや写真から分かったことをできるだけ書き込む

など、教科書の使い方は多様にあります。

教科書を多く使って授業をすることによって、子ども達も教科書を使って学習する方法を学ぶことができ、中学校の受験勉強にも生きていきます。

また、教科書以外でも資料集や地図帳、副読本があるところもあります。

私が小学校の三、四年生を教えていた時は、この副読本を大変よく使わせていただきました。特に地域や郷土を学ぶ時は、欠かせないものでした。私自身も何度も読んで参考にしたのを覚えています。また、近隣の市の副読本を借りたりもらったりすることもありました。それぞれの市ごとにオリジナリティがあり大変学ぶことが多く、発見もたくさんあります。近隣の知り合いの先生にちょっと見せてもらうだけでも参考になります。

地図帳も子ども達の学びの財産です。統計から地図記号まで、ありとあらゆるものがたくさん入っています。

ちょっとした工夫で普段の夕食がおいしくなるように、ちょっとした工夫で普段の授業もよくなります。

3　とりあえず大きくしてみよう

「とにかく、掲示する資料は大きくしなさい」

と先輩の先生に教えてもらったことがあります。

黒板に掲示する資料はできるだけ大きく、後ろの子どもでもしっかり見えるようにしたいものです。しかし、大きくするのは結構大変です。そこで、私が教えてもらった方法の一つにエクセルを使う方法があります。この方法であれば慣れてくるとスムーズにできます。（次頁）

④　その上で，用紙設定をＢ４やＡ３などにします。たとえば，Ｂ４の４枚分にわたるように画像を広げ大きくします。

⑤　印刷して貼り付けると，Ｂ４で４枚分の大きさになります。少しハサミで切って貼れば，とてもきれいになります。またそれ以上の大きさにもすることができます。

⑥　授業で使った資料は教室掲示にも使えます。

①　まず，写真やグラフをスキャナーで画像保存します。

②　そして，その画像をエクセルに貼り付けます。

③　次にエクセルの表示倍率を小さくします。印刷プレビューを一度行うと，印刷可能ラインが見えます。

また、最近では大型テレビが教室に導入されるようになりました。

私が勤務している学校では各教室に大型テレビが導入されているので、パワーポイントなどで作成し、見せるようにしています。この方法だと、切ったり貼ったりする手間がかからないのでとてもおすすめです。

できるだけ、時間をかけず、しかし、子ども達全員の話し合いや学ぶ土台として、掲示を大きくすることはとても大切です。

4　写真、具体物は優しい資料

写真や具体物は、社会科の中で効果的な資料です。写真で見せ方を工夫することで、授業の雰囲気を一変させてしまうこともできます。また、写真でなくても絵画なども効果的な資料です。

学生の頃からのご縁があり、社会科だけではなく、美術教育の研究会も参加しています。造形のことはなかなか分からないことも多いのですが、鑑賞教育の発表を見た時、大変感動したことを覚えています。美術の先生方のギャラリートークにも参加したことがあるのですが、一つの絵でも本当に様々な見方があり、多くの発見や学びがありました。これは社会科にも生かせると考えました。

一枚の写真を見せ、

- これは何か。（What）
- なぜ、これがあるのか。（Why）
- これは、どこの写真か。（Where）
- これは、どうして～なのか。（How）
- これはだれか。（Who）

と問うだけでも、授業は活発になります。多くの写真ではなくても一枚の写真をじっくり見るだけでも学びがふくらみますし、普段の授業の中でできます。

文章であると嫌になってしまう子もいますが、写真は一瞬で学びに参加することができます。言葉の学習が苦手な子にもとても優しい資料なのです。

また、具体物も大切です。

私は、学生の頃、博物館のハンズオンという体験型の学習方法を研究し、卒業論文も書きました。具体物に触れ、体験し、学ぶというのはとても大きな学びがあります。体験を通じて試行錯誤し、考えが深まるからです。

では、具体的にどのように、資料をあつめていけばよいのでしょうか。

まず、私は、教科書や資料集の写真を拡大するところから始めます。普段の授業を考えると、その方法がベストだと思います。それを必ず保存しています。

その上で、例えば、地域の学習であれば帰宅前や出張などの時間を少し利用して、地域周辺の写真を撮りにいくようにしています。少し早めに学校を出て、写真を撮るなどすれば、時間を多く使わなくてもすみます。

また、おすすめなのが、旅行です。

よく子ども達は修学旅行などへ行くと、自分達は入らず、建物や文化財だけの写真を撮ってくることがあります。

「おいおい、写真に誰か入ろうよ」

と思ってしまいますが、そこには、子ども達なりの発見や学びに対する喜びがあるのだと最近思うようになりました。教師である私達も、旅行先で、「これは、授業で使えるかな」と思ったら、写真を撮っておくと後で使えます。お城や遺跡、建物、風景、地形などを、フォルダに名前をつけて保存しておけばほぼずっと使うことができます。

また、具体物も私は旅行先でよく見つけてきます。よく利用するのが、博物館内のショップです。

私が九州に行った時、どうしても漢委奴国王印を見たいと思いました。そこで、福岡市立博物館に行きました。そこで、博物館内のショップで、金印のレプリカを見つけました。これは、授業で絶対使えると思い、思わず買ってしまいました。

博物館内のショップには、そうした具体物や資料が多くあります。また、学校近くの博物館や美術館であれば、学芸員さんの方にお会いして実物を学校にもってきてもらうこともできます。私も、人間国宝の方が創った美濃焼を学芸員さんにもってきてもらって、実際にハンズオンワークショップ（実物に触って体験する学習）をしたことがあります。

常に授業で何か使えるものはないか、考えていることが大切だと思います。

5　資料収集で意識していること

研究授業など、一つの単元に集中的に取り組む時は、少し大きな授業はA4などのノート一冊、普段の授業はすべて兼用としてB5のノートを一冊用意しています。

資料収集はまず、メモする、貼ることから始めています。

とにかく、思ったことや「あ！」と浮かんだことなどをできるだけ書いています。

それが後で大きな財産になります。

研究授業に関しては、一冊のノートにその単元のこと、写真、データなどを貼り、「単元の情報誌」のようなものをつくって取り組むことを教えてもらったことがあります。これはとてもよい方法でよく行います。しかし、研究授業でなくても、まず普段の授業であれば、思ったことや調べたことをどんどんノートに書けばよいと思います。

また、同時に、

- パソコンのフォルダに「社会科資料」フォルダをつくり、絵やグラフなどを単元ごとにまとめていく
- 多くのゲストの先生の名刺をあつめ、保管する
- 旅行のパンフレットなど授業に使えるものを茶封筒にまとめて入れておく

など普段からいろいろな情報を積み上げるようにしています。

6　人物で迫ると効果的

小学校の社会科の学習で大切にしたいことの一つに人物に迫るというものがあります。学習指導要領にも歴史上の人物が具体的に明記されていますが、歴史上の人物だけでなくても地域の学習でも大いに生かすべきです。

例えば、三、四年生の社会科の授業で、ゴミ収集の様子から町を支える人達の学習をするとします。そこで、ゴミ収集車の運転手さんより、ゴミ収集車の「田中さん」の方が子ども達にとってより親近感が生まれます。「田中さんはどんな思いで仕事をしているのだろう」と人物の努力や工夫を、資料を通して迫ることで、子ども達の学ぶ気持ちがより高まるといえます。また、ゲストで来ていただければ、より学習が効果的になります。

以前勤務していた学校では、ゲストの先生のリストをつくっていました。リストをつくることで、どの先生を招くことになってもすぐ連絡が取り合え、取材や授業を開いてくれることが可能になります。こういう学校は増えてきました。毎年少しずつゲストの先生が増えていくので、数年すれば、とてもスムーズに授業が進むようになります。

「自分達が住んでいるまわりには、実はとてもいろいろなことを工夫し、努力されている人が大勢いる。どの仕事もとても大切であるし、その仕事が私達を支えてくれている」と子ども達が考えることができれば、社会科としてとてもよい学習につながっていると思います。

7　年表も資料づくりに加えよう

私が六年生を教えた時は、意図的に年表を使うようにしていました。年表を覚えさせるというよりは、時代の流れを理解させるという意識からです。

小学校社会科の場合、時代の流れではなく、人物や出来事を中心に学ぶので、必ずしも年表が常に必要ではありません。しかし、中学校との連携を見据えて、やはり年表を資料として用いて、時代の流れを理解させていくことは必要であると考えています。

その場合、年号を覚えるというよりは、どのような順序で歴史が動いていったか、そこから、登場する人物はどのような活躍をしていったかを考えるようにしています。

課題を追究する場合、文章と年表を組み合わせて使うなどすることによって、より効果的な学習が生まれると思います。

8　中学校、高校の教科書を参考に

六年生を教える時に、私は中学校の教科書をよく参考にしていました。中学校で教えている現在は、高等学校の教科書をよく参考にしています。

歴史の学習など、一つ上の学校の教科書を使うことによって、この学習の後は、どんな学習をするのかといった先の先を見通すことができます。また、今取り組む課題や内容についても発展的に考えた時、中学校の教科書は大変役に立ちます。教科書の作り方は違いますが、写真やグラフなどの資料を使うことができます。

また、時には教室において、自然と子ども達の手に触れる場所に置いておくこともありました。中学校ではどのような授業をするのか、どのような内容かについて考えておくことも大切だと思います。

現在、小学校中学校の連携が求められています。生徒指導や生活習慣、学習習慣などの継続やよりよいつながりが求められていますが、私は、教科の連携がもっとあってもよいのではないかと思います。

岐阜県の場合、多くの先生方が小学校、中学校の両方を経験されます。私も小中の子ども達の担任をしました。授業をしてみて、どのように中学校につなげていけばよいか、小学校で学んだことを生かすにはどのようにすればよいか考えるようになりました。

教科の連携を考え、普段の授業にちょっとプラスを考えたい時、中学校の教科書を参考にするのはとてもよいことだと思います。

9　考えと記録を残すノートづくり

- 自分の考えをつくる
- 学習の記録を残す

社会科のノートで私が大切にしていくことは、大きく二つです。

です。

ノートには他にも多くの効果がありますが、私はあえて二つのことに絞っています。それは、あれもこれも望まず、シンプルにできることをやっていこうと考えているからです。

社会科名人、達人である有田和正先生は、

ノートとは思考の作戦基地である。（有田和正『ノート指導の技術』明治図書）

と述べられています。まさに、子ども達が社会科で自分なりの考えをもったノートをつくっていくことが大切です。

また、同時に、自分が調べたり、考えたりした学習の記録を残す場にもしたいと考えています。これは私が中学校に来てから特に強く思うようになりました。『東大合格生のノートはかならず美しい』（太田あや、文藝春秋）などの本が出てブームになりました。授業で学んだことをいかに復習やテストなどにつなげていくか考えていくことは、中学校、高校を見据えると大切なことです。

私の場合、次のイラストのように、ノートをつくるように指示を出しています。

日々のノートづくりで意識していることは、

・ノートに愛着をもつ。
・プリントなどを丁寧に貼る。
・課題や日付など、必ず書くべきものを書く。
・丁寧に書くべきところは書き、一気に書き上げるところは一気に書き上げる。
・ノートづくりのルールを大切にしながら、自分なりのノートをつくる。

ことです。

実は一番大切なことは、ノートに愛着をもつことではないかと考えています。自分の考えや発見を書き込むノートを大切にすることは、社会科を大切にすることにつながっていきます。

また、その上で、

感想・考えを書くこと

を一番重視しています。とにかく、学習がなかなかうまくいかない子にとって、思ったことや考えたことを書くことが、その子の学習のスタートになると考えています。

10　ノートづくりは三つのステップで

私の場合、課題学習の後一人でノートに調べたことを書きまとめる時間を設定しています。

「課題に対する自分の答えを書きまとめよう」

を合言葉に、図や線を用いながら書きまとめています。

しかし、最初から書きまとめることができる子はなかなかいません。そこで、次のような指

第１ステップ
（社会科好きを育てる）
①　教科書や資料など，大切なところにマーカーや色鉛筆で**線を引こう。**
②　資料の中の**大切な言葉（キーワード）を見つけ**，ノートに書こう。
③　**イラスト**や**矢印**を入れて，自分だけのノートをつくろう。
（社会科好きになろう）

⇩

第２ステップ
（社会科としての学力を高める）
④　キーワードを**つないで**まとめよう。
（関連付け）
⑤　キーワードを**まとめたり**，**くらべたり**しよう。
（比較、総合）
⑥　どこの資料か，**根拠をはっきりさせて書こう。**

⇩

第３ステップ
（社会科としての思考力を高める）
⑦　課題を**意識**し，**複数の資料**からまとめられるように工夫しよう。
⑧　課題をより意識して，課題に対する答えになるようなまとめ方を工夫しよう。
⑨　課題に対して**自分の考え**を書き加えよう。

導のポイントのステップを考え、春から取り組んでいくようにしています。

最初は、まず、教科書の重要な言葉や調べたことをまとめることから始めます。すべての文章を書くとどこが重要かよく分かりません。そのため、大事なところはどこかをまず認識し、

②　キーワードをつなげる

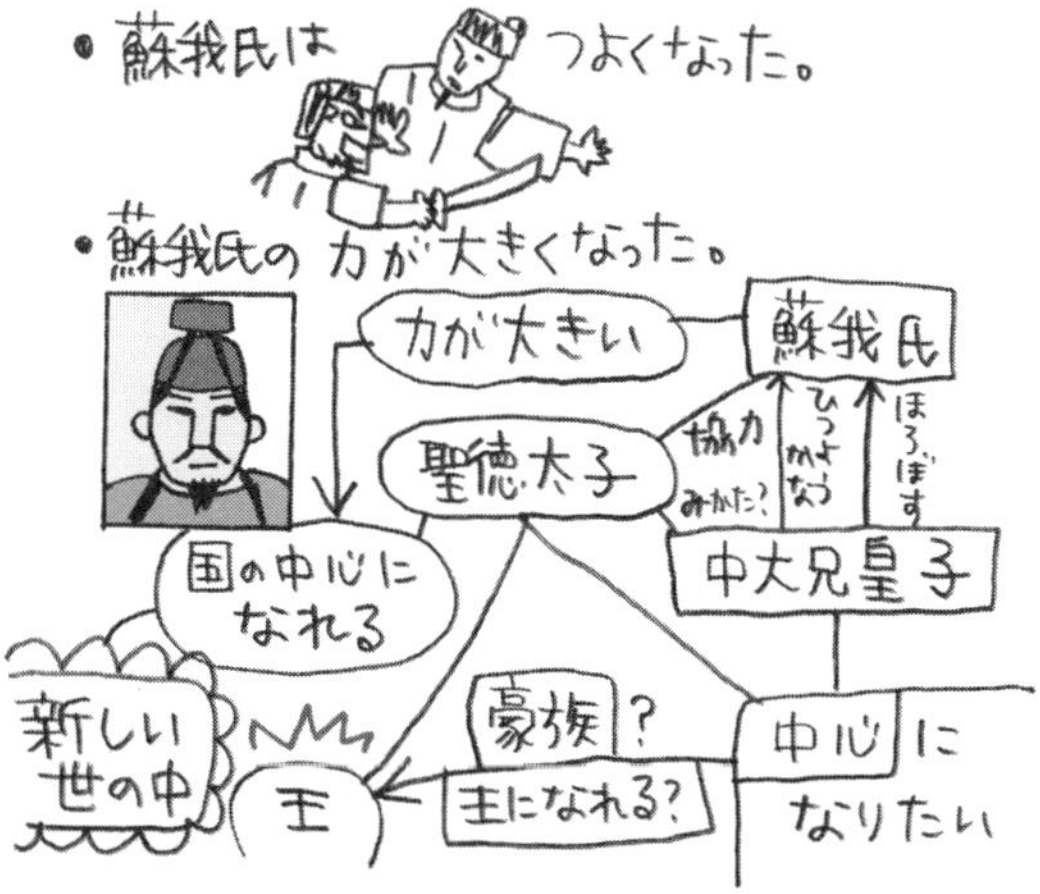

③　イラストや矢印を工夫する
⑤　キーワードをまとめたり，くらべたりする

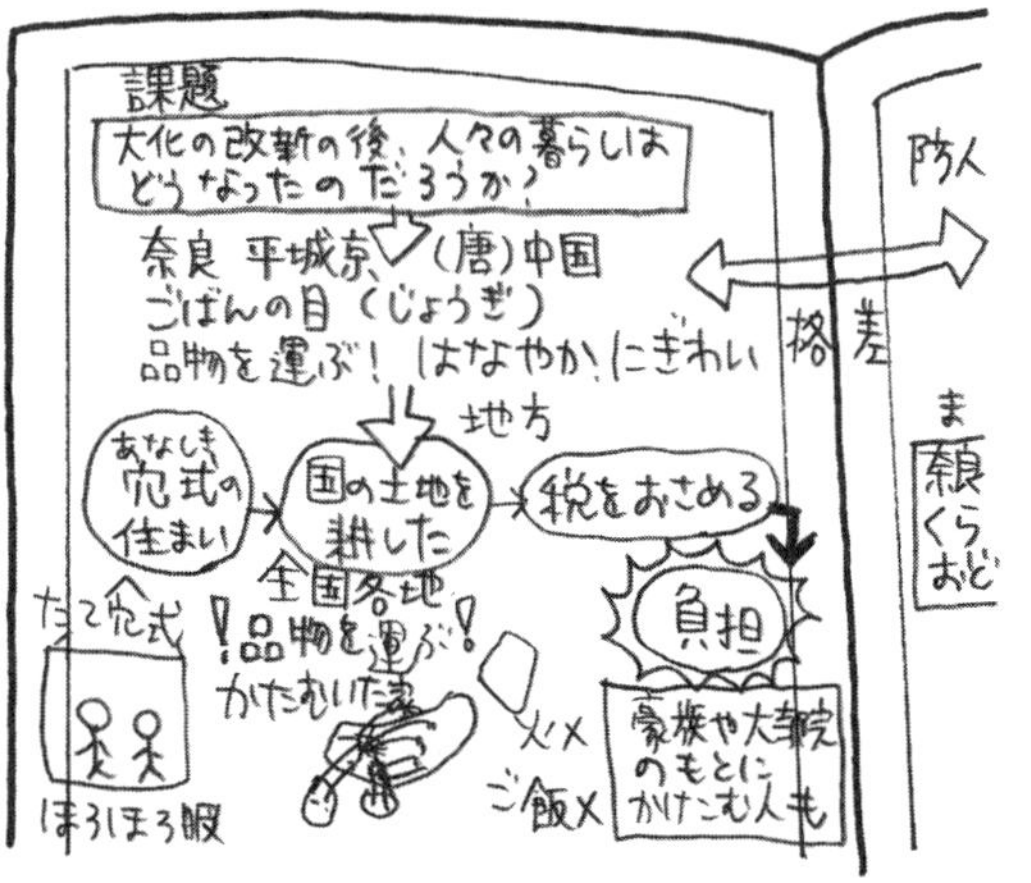

⑧⑨　課題を意識しながらまとめ，考えを書く

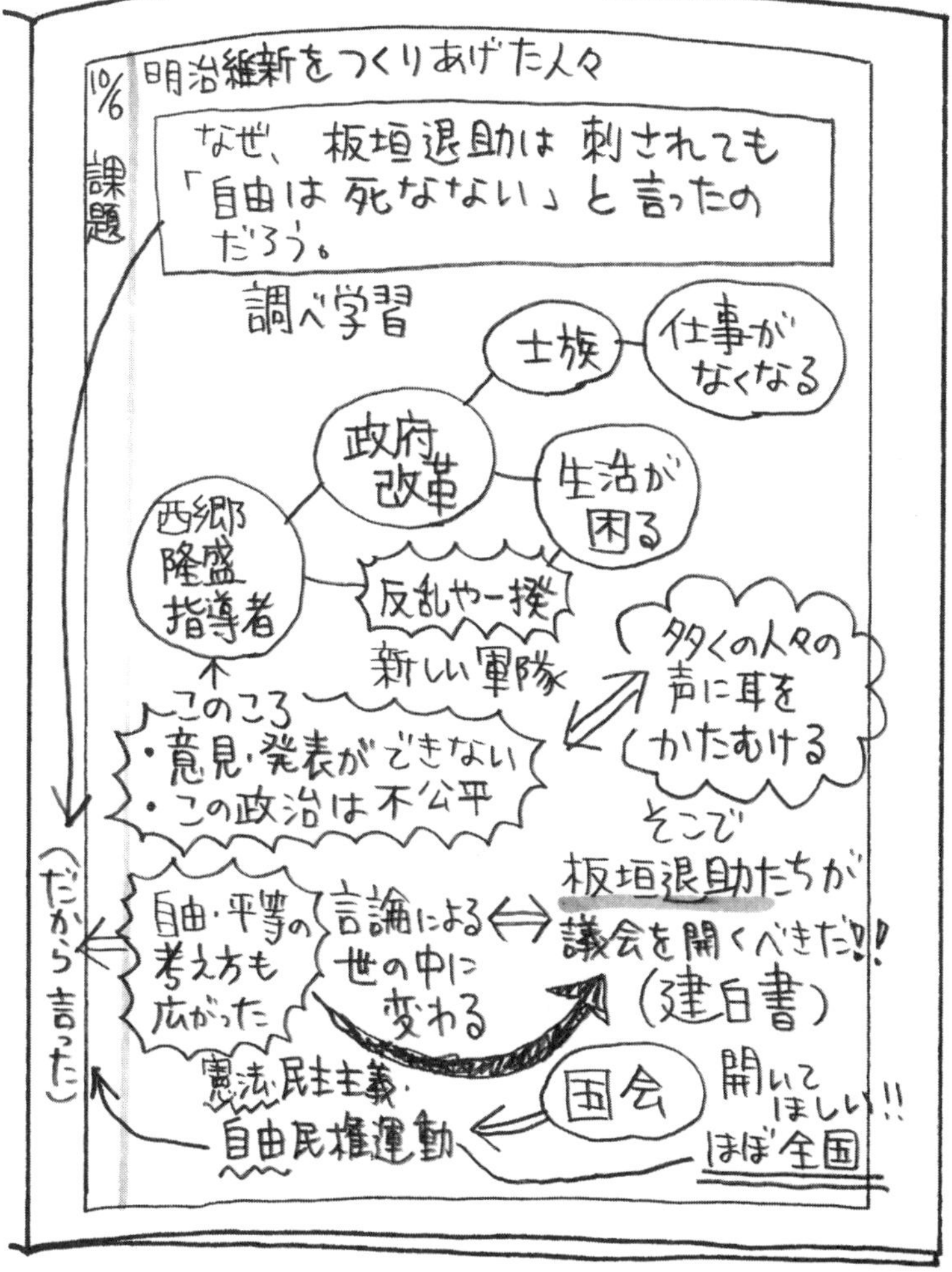
10/6
明治維新をつくりあげた人々
課題
なぜ、板垣退助は刺されても「自由は死なない」と言ったのだろう。
調べ学習
士族
仕事がなくなる
政府改革
生活が困る
西郷隆盛指導者
反乱や一揆
新しい軍隊
多くの人々の声に耳をかたむける
このころ
・意見・発表ができない
・この政治は不公平
そこで
板垣退助たちが
議会を開くべきだ!!
（建白書）
自由・平等の考え方も広がった
言論による世の中に変わる
（だから言った）
憲法・民主主義・
自由民権運動
国会
開いてほしい!!
ほぼ全国

その後で調べた中からキーワードのみ書くように話をしています。そこから、自分の考えとつながっていきます。

授業が進むにつれ、言葉を線で結ぶウェビングやマインドマップ、図式化などを教えていきます。子ども達は自分達のまとめ方で課題の解決に向かうように取り組ませています。ウェビングの方法については、兵庫教育大学教授の關浩和先生のＨＰや『学力の質的向上をめざす社会科授業の創造』（明治図書）などを参考にしています。

また、ノートづくりで気をつけなくてはいけないことが、

「継続」するということ

です。

ノートは、ルールと同様に、授業を安定させる力をもっています。毎回、自分なりのノートをつくっていきます。そして、ノートの質を高めていきます。そうすると、書くことが楽しくなり、学習から離れてしまったり、授業に集中できなくなったりすることを防ぐことができます。

また、ノートをチェックすることによって、子ども達の実態を見ることができます。

私の場合、中学校で教えている今は、単元ごとに一度集めてチェックしています。また、小学校の時は、ちょっと早めに授業を終えて見ることにしていました。例えば、一人のノートを見る時間を一〇秒とすると、子どもが三〇人であれば、五分ですみます。ちょっとした時間で毎回把握していけばよいでしょう。

11 「まとめ」方もステップアップで

学習の最後に、まとめを書く時間を設けています。ここでも、以下のようなステップを設定し、より自分の考えが深まるように取り組んでいます。

① 今日の学習で分かったことを書こう
② 感想や考えを書こう
③ 課題に対する答えを書こう
④ 課題に対する答えとそれに伴う自分の考えを書こう

まとめも、ただ「書きましょう」ではなく、この「キーワードを使って書いてごらん」や「分かったことを三つあげてから、考えを書いてごらん」などと少し工夫するだけでも書く力が高まります。上條先生はこれを「不自由が表現を大きくする」（『図解よくわかる授業づくり発想法』学陽書房）と述べています。

12　板書で真似させる意識を

「学ぶ」の語源が「真似ぶ」だと言われています。

つまり、真似することが学ぶことにつながるということです。

スポーツはその典型で、教えてもらうというよりもまずは、「見て真似して覚えていく」ということが多くあります。

ノート指導も先生の板書が大切だと考えます。特に一人で追究したり、少人数でまとめたりする場合は、教師の板書はとても重要になります。基本的に板書とノートは一体として考えています。そのため、板書を真似させて書かせてみたり、子どもが書いたノートをどんどん紹介したりしています。

第5章　普段の授業に小さな工夫の積み重ねを

1　ちょっとの活動の工夫で楽しくなる

先生が一生懸命話し、汗をかくのではなく、子ども達が活動を通して、汗をかく授業が理想です。動きがある授業は飽きがありません。普段の授業では、大きな工夫や努力も時には必要ですが、ちょっとした工夫の積み重ねを大切にしたいと思っています。

①　体験する

体験することは、社会科でとても大切なことです。多くの学校で社会見学が行われたり、小学校三、四年生の学習では、昔の生活について体験したりすることがあります。大切なことは、体験したことをそのままにしないということです。私は体験した後は必ず

「書く」活動

を入れていました。書くことで、体験したことが生きていきます。
書き方としては、この体験から

- 分かったこと
- 難しかったこと
- 見つけたこと
- 感じたこと
- 考えたこと

を視点に書かせるようにしています。

また、体験や活動を単元の中でどう位置づけていくかということが大切です。

私は四年生の「水はどこから」の単元で、「浄水場で働く人たちの願いや努力を知る」ことができるように、ジャーテストを取り上げたことがありました。

ジャーテストとは、水のにごりを固まりにし沈殿させるための薬の量を決める、浄水場で働く人たちの仕事の一つです。このジャーテストを、社会見学で子ども達は模擬体験することができました。このジャーテストの体験や水に関わる調査を資料として追究することで、「浄水場で働く人たち」の願いや努力についてより考えることを目指しました。「なぜ、水はきれいになるのだろう」という子どもの素朴な疑問から、ジャーテストの体験につなげていきました。ただ体験して終わるのではなく、子ども達の素朴な疑問や思いを体験から追究につなげていけるように単元全体を見て構成していきました。

②　演じる

源頼朝になってみんなの前で話してみたり、江戸時代の頃の庶民の様子を表したりして「演じる」ことを授業の中で取り組むのもよい方法です。「ドラマ教育」と呼ばれるこの方法は、外

見学　見て

じゃ口の水はどこから来るのだろう。

水はじゃ口から出るけど，じゃ口だけでは水は出ないんだ。じゃ口に届くまで，タンク，ポンプ室，メーターが学校にはあったよ。学校の外にはじょう水場から配水池を通ってくるね。

タンク，ポンプ室

調査　触れて！

池の水と水道水のちがいを調べよう。

池の水と水道水をくらべると，水道水はとってもきれいだね。水はじょう水場から送られてくるけど，どうやってきれいになるのだろう。

池と水道の水をくらべる

見学・体験　聞いて！体験して！

じょう水場でどのように水がきれいになるか調べよう。

じょう水場では，水をきれいにするために様々な工夫をしている。ジャーテストをしたり，何度も何度もろ過や消毒をしたりしてきれいな水に変えているね。

ジャーテスト

追究!!　よ～く考える

なぜ，１日に何回もジャーテストをしたのだろう。

じょう水場で働く人は，市の人たちのために，ただきれいなだけではなく，安全で安心して飲める水を作りたいという願いをもって，多くの努力をしているのだな。

国では盛んですが日本ではまだマイナーです。

歴史上の人物になりきって、人物の思いを話させたり、その当時の人達の会話を数人で考えて話させたりすることによって、子ども達は恥ずかしながらも盛り上がります。

大切なことは、先生が照れないことです。また、だらだらとせず、

「三分で演じてみよう」

と短い時間でまずやってみるとよいと思います。慣れてきたら脚本を作って演じさせたこともあります。

演じることで、学んだことを再現化することができます。再現化することによって、知識の習得にもつながり、表現することによって考える力もついてくるといえます。

この方法は、佐藤正寿先生から学びました。普段の中でちょっとするだけでも効果が高まってきます。

③　討論する

社会科で、ディベートをすることが多くなってきました。

ディベートについては、小中学生向けの書籍が多く出ています。

本格的に取り組まなくても討論するという活動を少し取り入れることは可能です。私の場合は「プチディベート」や「ディベート風話し合い」といった形で、普段の授業の中で取り組んだことがあります。

課題に対して、

- 賛成の人
- 反対の人
- 判定する人

に分かれ、それぞれ意見を述べ、どちらがよいか考えるものです。

二、三年目の時に取り組んだのが、「もし、自分達だったら」という実践です。

私はかつて横浜市で小学校教諭をしていました。その時、四年生で「水はどこから」という単元をしたことがあります。これは、地域の人々の生活にとって必要な飲料水について調査したり資料を活用したりして調べ、これらの対策や事業は地域の人々の健康な生活や生活環境の維持と向上に役立っていることについて考える学習です。

「水はどこから」の学習で横浜市に水を送るダムについて学んだ時です。このダムの所には、昔は村があり、ダム開発のために村の人が別の土地へ移ったという経緯がありました。

そこで、ダム開発にかかわる教育ビデオを見たあと、「もしも自分達だったら」という視点で、ディベート形式の討論をしたことがあります。

ディベートに限らず、「もしも、自分達だったら」と自分の立場に置き換えて考えさせると話し合いが深まります。

④　ICT（情報通信関連技術）を使う

ICTというと、インターネットで調べることがまず浮かぶと思います。

しかし、それ以外でも多くの活用の仕方があります。例えば、フリーのソフトウェアです。以前、フリー地図ソフト「グーグルアース」を使って地図学習を楽しくすることができました。横浜市では、主に四年生に地域の発展に尽くした先人の具体的事例として、多くの学校で「吉田新田」の学習をします。吉田新田は、現在の横浜市の中区や南区にあたる場所です。もともと、横浜「村」とあるように小さな村で人も少なかったのですが、吉田勘兵衛が埋め立ての許可を幕府からもらいました。苦難を乗り越え、今の横浜の発展につなげた場所です。

今の横浜と昔の横浜を比べ、その違いを知ろうということで、グーグルアースの横浜市の上空写真と三五〇年前の地図と比較してみることができるようにしました。

三五〇年前の地図とグーグルアースの地図が重なった時、子ども達から大きな歓声があがったのを覚えています。グーグルアースはかなり細かい所まで見えるので、今と昔の違いや共通点を見つけることができます。例えば、

・埋め立てた周りに川が流れているよ。
・これ、あの川じゃないかな。
・川にそっての地形が昔と似ているね。

など、地図を比較しながら見ることができます。これはとてもよい教材だと考えました。

このようにICTは、

・**調べる**

だけではなく

- くらべる
- 発表する
- まとめる
- 解く
- 伝える

など多様な活動ができます。

フリーソフトなどは、学校のセキュリティの関係でなかなかうまくダウンロードできない可能性もありますが、ぜひ挑戦するとよいと思います。

⑤　新聞をつくる

社会科の授業のまとめによくするのは学習新聞づくりです。新聞をつくると、学習の振り返りができ、表現することで、学習した内容を考え、伝えることができます。

新聞をつくるときに工夫していることは、

・新聞の題名や見出しに読む人を引きつけるような工夫をさせる
・写真を効果的に使う
・調べたことや分かったことだけではなく、考えたことをのせる
・読み手を意識する

ことなどです。

学習したことがよく分かり、考えがふくらむような学習にするには、仲間のよいものを多く見ることだといえます。

先生が実際に新聞をつくり、「こうやって書くといいよ」と示し、子ども達に「書きたい」「書いてみたい」と思わせることもよい方法です。

ただ、「新聞をつくりましょう」

ではなく、

「学習でお世話になった人に新聞をつくって送ろう」

「先生がつくるとこんな新聞になったよ。じゃあ、先生よりすごい新聞つくってみようか」

と、普段の中で意識してちょっとした言葉の投げかけの工夫をするだけでも活動は盛り上がります。

⑥ テストをつくる

学んだことや分かったことを復習するには、テストづくりがとてもおすすめです。いつも受ける側の子ども達がテストをさせる側になるので、結構盛り上がって取り組みます。

最初はうまくいかないかもしれませんが、

「一問五点の問題を二〇個」

というように制限をかけて始めていくとスムーズに進みます。その後は、制限を緩め、自由にさせていきます。だんだんうまくできてきたら、テストをつくるにあたって、評価の観点、例えば、知識や理解を「覚えておくこと」、資料活用を「グラフや図を使った問題を」、思考・判断・表現を「文章で考えを書く問題を」などと設定しておくと、子ども達は大人顔負けのテストをつくります。力作を見せ合ったり、解き合ったりしてどんどん交流していくとうまくいきます。

2　先生の表情や動きも重要

普段の授業は、発問や指示だけではなく、先生のちょっとした表情や動き、行動も大切な「楽しみ」になっていきます。ずっと笑顔で明るいだけでも学習は進みます。

①　パーティーグッズで笑顔に

とにかく、笑顔で大げさに取り組むことが大切です。

人の見かけはとても大切ですし、先生の動きは授業環境そのものでもあります。

笑顔がなかなかつくれない場合は、おもしろ小物を使うとよいでしょう。東急ハンズやロフト、一〇〇円ショップなどのゲーム・パーティーコーナーに行けば、「ピンポンボタン」など、盛り上げることができる小物がいっぱいあります。

小物だけで授業はできませんが、授業に小物は必要です。

②　ふざける・ぼける・つっこむ

- ふざける
- ぼける
- つっこむ（つっこませる）
- おちをつける

のは、教師にとって重要な身体行動です。

ちょっとしたことで、子どもに声をかけ、ふざけ合ったり、ぼけたり、つっこんだりすると、子ども達の教師に対する関心は高くなります。また、「だめなところはだめ」と同時に線を引き、しっかり叱ることで、子ども達の信頼度は増していきます。普段の中でふざける・ぼける・つっこむをしながら、注意すべきところはきちっと言えると、叱りの怖さ、つまり重要性が増します。

中村健一先生のような笑いの一流の教師には私はなかなかなれません。私の中に照れや変なプライドがあったりするからです。また、厳しく迫る勇気が出ない時もあります。しかし、ちょっとした笑いの行動を重要だと思って普段の生活をするだけでも明日からの授業は大きく変わっていきます。

3　ゲストティーチャーを呼ぼう！

私はゲストの先生との授業が大好きです。ゲストの先生を教室に招くことは、出会いによる豊かな学びの場をつくることだと思います。教師が教えることには限界があります。これからは、多様な人との学びや出会いをいかに創り出すかも教師の仕事だと思います。普段の授業の中ではなかなかできませんが、年に何回かは行うように心がけています。

以前、広島原爆を実際に受けた方をお招きして、話を聞くことができました。実際の被害の様子や家

族との再会など、子ども達の心を強く打つものでした。じっと子ども達が話を聞いていたのを覚えています。

飛騨の雪国の生活を学ぶ時に、飛騨出身の校長先生に、授業をしていただいたこともあります。

ゲストの先生との授業は、

①　より子ども達の学習が豊かになるように、ゲストの先生をお招きすることを考える
②　教育関係者でない方もいるので、分かりやすい計画書を作成する
③　管理職に相談、報告し、当日学校として支援、応援をしてもらうことをお願いする
④　計画書は、目的、場所、話していただく内容、授業の流れを書き、渡せるようにする
⑤　ゲストの先生に挨拶、お願いをする。忙しい場合もあるので、電話、メールもいかす
⑥　少し早めの時間に来ていただき、当日ゆったりとした形で進めていく

の流れで取り組んでいます。実際に来ていただけない場合はビデオで撮影して見せたこともあります。

なお、ゲストの先生をお招きして当日迎えるまでの取り組みの詳細は、紙面に限りがあるため、私のブログ（http://smile58.exblog.jp/14608140/）に書いてあります。

また、佐藤正寿先生の『新版　価値ある出会いが教師を変える』（学事出版）を参考にしています。佐藤先生から学んだことは私にとってとても大きいです。

また、ゲストの先生との授業が終わったら、お礼の手紙を渡したいものです。小さい紙に書き、画用紙に貼るという方法があります。確かにこれはすぐできますが、もらった人は置き場に困ることがあります。

そのため、数年前から、B５かA４用紙に、

- 題名
- ゲストの先生のお名前
- 感想とお礼
- 最後に自分の名前

を一人一枚書かせ、製本するようにしています。

そうすると、置き場にも困らず、何度も読み直すことが可能だからです。また、ここには、当日の写真や学級通信などを載せておきます。学級通信でゲストの先生を招いたことを伝えることで保護者の方にも理解が深まります。また、一枚にまとまるので、ゲストの先生の授業の様子がよく伝わります。

この方法は多くの方に喜んでもらっています。子ども達もお礼をしっかり書くことを通して、学習の振り返りにもつながります。

なお、おすすめのゲストの先生は、こんな方がよいのではないかと思います。

三・四年生
・お寺の住職の方・公共施設で働く方・地元農家の方・スーパーの店長の方・浄水場の方・市の水道課の方・ゴミ収集車の運転手の方・警察官の方・消防署の方・地元の伝統工芸を受け継ぐ方・博物館の学芸員の方等

五年生
・自動車工場関係の方・地元で農業、工業、漁業に関わる方・ＪＡの方・新聞記者の方・

テレビ局の方等

六年生

・戦争経験者の方・選挙管理委員の方・弁護士の方・検察官の方・国際関係の方（ユニセフ）等

まずは、地域の方です。きっと力になってくれます。しっかりとお願いをして、連絡を密にすればうまくいきます。

ゲストの先生を招いて楽しそうに取り組む子ども達を見ると本当に幸せな気持ちになります。

4　調べ学習の工夫

「調べ学習がうまくいかない。どうすればいいか」と知り合いの教員に聞かれたことがあります。

「調べ学習」のコツは

- 最初の説明と時間管理
- 見る視点の明確さ
- やってみたいと思わせる工夫

だと考えています。

①　最初の説明と時間管理

調べ学習も課題の設定や最初の説明が重要だと考えています。

なぜ、この学習をするのか、調べるのかを明確にしないと、子ども達はなかなか学習に打ち込めません。インターネットを使っても、具体的に何を調べるのかを明確にしないと、どうしても遊んでしまいます。

そのため、最初の説明が非常に大切です。同様に、時間の管理がとても大切です。

長い時間で取り組むよりも、まず五分、一〇分と短い時間で行い、「三つ調べる」など、数値目標をはっきりさせると、子ども達は学習に打ち込めます。

子ども達の活動に大きな裁量を渡すので、

- 意義
- 調べる内容
- 具体的な時間と数値

を示すことを大切にしています。

② 見る視点の明確さ

体験や社会見学などの見学、調べ学習などでは、

- 見る視点

がとても重要になってきます。

例えば、

「浄水場で水がきれいになる瞬間を見学で三つ見つけてごらん」

や

「昔の人の生活の体験をして、苦しいなあと思ったことを三つ書いてみよう」

などと、ただ「調べなさい」ではなく、体験や見学でどこを見てほしいか、学んでほしいかを明確にし、数値目標をおくと、子ども達の学習も明確になります。

これは、普段の授業の中で課題の明確化をしていることと同じです。環境が変わっても普段の活動と同じようにすることが大切です。

③　やってみたいと思わせる工夫

新聞づくりのところでも述べたのですが、やってみたいと思わせる工夫はとても大切です。ワークシートの記入例などを作ってコピーして渡すのもよい方法です。

大人の世界では、多くの書類などには記入例があります。しかし、子ども達の場合、ワークシートなしで書くことがほとんどです。子どもの立場になってみると、いきなり調べて書きなさいと言われてもなかなか書けないかもしれないと思うことがあります。

実際のところ、忙しくなかなか取り組めません。正直に言えば、私もなかなかできていません。しかし、記入例を入れてみるときっとうまくいきます。

5　学級通信で伝えよう

学級通信で社会科の授業について取り上げるのもよい方法です。

子ども達はとても喜びます。

ただし、時間をかけて一枚を書くよりは、時間をかけず何枚も書いていった方がよいでしょう。

小学校で勤務していた頃は、

- 課題
- 内容
- 子どもの感想

を載せていました。

例えば、

> 今日は、鎌倉幕府の成立について学習しました。
> 課題は、「なぜ、源頼朝は鎌倉幕府を開いたのだろうか」です。
> 日本地図や教科書から、グループで協力しながら課題の答えをさがして追究することができました。感想を紹介します。

という書き出しで、あとは子ども達の感想を掲載していました。基本的には、紙面の割合は教師の説明が二割から四割、子ども達の感想が八割から六割です。

ここに写真が入ると子どもだけではなく保護者の方も喜んでくれます。

時間がある時は、授業の流れ、進め方や資料などを載せることもあります。しかし、時間が限られているのでシンプルにつくることを心がけました。（ただし、学級通信は初任時代から毎日発行しています。「時間はかけないが、毎日出す」をモットーに行っています）

社会科に対する「つまらない教科」というイメージは保護者の方ももっています。よい思い出ばかりではないと思います。しかし、学級通信を通じて「授業が楽しそう」「力がついているな」と感じてもらえれば、とても力強い応援団になってもらえます。

また、学級通信にまとめることは、自分の実践を振り返り、学習のよさを伝えていくとてもよい方法だといえます。なお、この方法は、『学級通信のアイデア40―思わず発行したくなる―（5分間シリーズ）』（佐藤正寿、フォーラム・A）を参考にしています。

第6章　さらに授業を楽しくするために

1　見る・読む・する・残す

私自身、授業はまだまだ楽しくない、もっと工夫できると思っています。成長を止めてはいけないと思っています。

私は名人教師ではありません。いろいろと悩み、苦しみながら実践をしています。なかなか笑えないことも多くあります。つらいと思うことも少なくありません。そんな中で常に心がけている四つの成長のポイントがあります。

それが、

・見る

・読む

・する

・残す

です。これは、常に意識して取り組んでいます。つまり、

授業を見る、本を読む、実践をする、記録を残すこと

です。

時間は限られています。この限られた中で、この四つを行おうと取り組んでいます。ちょっとした時間でも可能です。ちょっと見る、ちょっと読むだけでも変わります。実践もミニネタのような小さな積み重ねも必要です。記録もブログなどで残せばそんなに時間はかかりません。

あとは、

上達したいという意識と、時間の工夫

だと考えています。

2　目指したい人から学ぶ

この先生のようになりたいと目指したい人から学ぶことは、一番の上達だと考えています。

有田和正先生も述べておられますが、「真似る」ことからのスタートです。

「守破離」の言葉のように、まず、名人の授業を真似る勢いで学び、そこから自分の殻を破り、自分自身をより高いレベルに離していくことを目指しています。

そのためにも、研修会に積極的に参加しています。

なぜなら、そんな目指す人との出会いが生まれる可能性があるからです。

今の日本の教育を支えているのは、研修に参加し、学び続けてきた先生方の力だったと思います。校務や業務として参加させられる研修だけでは、力が伸びません。ぜひ、自分から、お金を払い、研修に参加すべきだと思っています。

私は、初任の頃、社会科でとても苦しんでいました。そこで出会ったのが、佐藤正寿先生でした。佐藤先生の本を読み、感動し、佐藤先生が講師でくる隣県まで研修会に参加したことがあります。そこから、少しずつ私の実践も拙いなりによくなってきました。

確かに忙しい。しかし、忙しいままで研修に参加せず、学ばなければ、その忙しさは解消されないと思います。成長を続けなければ、これからの教師の仕事は通用しなくなると思います。学び続けたいものです。

3　キャラを知り、こだわりをもつ

北海道の堀裕嗣先生に、拙著『失敗・苦労を成功に変える教師のための成長術―「観」と「技」を身につける―』（黎明書房）を読んでいただき、教えていただいたことがあります。それは、教師のキャラクター（特性）です。

上條晴夫先生は、『実践教師のためのパフォーマンス術―学ぶ意欲を引き出す考え方とスキルー』（金子書房）の中で、「よい仕事をする教師には一人ずつ独特な授業スタイルがある」とし、教師のこだわりや好きなことが授業をつくる上で鍵になると述べています。

これは、とても大切なことで、初任の先生や若い先生は、自分の性格や得意なこと、好きなこと、キャラクターをもっていることを自覚しなくてはいけません。

私の場合、多くの人と関わって授業をするのがとても好きです。そのため、ゲストの先生をお招きして、授業を展開することがよくあります。

しかし、こうしたことが苦手な先生も多くいると思います。鋭い発問を考えることは得意だけど、ゲストの先生を呼んで対話するような授業は勘弁してほしいと思っている先生もきっといるでしょう。つまり、大切なことは、「教師自らを知る」ことだと思います。

中村健一先生であれば、「笑い」というように、自他共に認める「こだわり」をもちたいものです。私は自分では「こだわり」をもっていると思っていても、他に認めてもらえるまでには至っていません。しかし、認められるぐらいの「これが長瀬の実践」というものをつくっていきたいものです。

4　小さな時間と大きな時間を活かす

学校の先生には、小さな時間と大きな時間があると思います。

小さな時間は、ちょっとした時間、コマ切れ時間などと言われるものです。休み時間や五分の休みなど、気にしなければすんでいく時間です。

一方で、大きな時間もあります。例えば、夏期休暇や土日の休みなどです。

学校の先生はこの二つの使い方が重要になってくると思います。小さな時間に、ちょっとした考えごとやアイデアをメモしてみたり、大きな時間に単元の構成をすべてまとめてしまったり、といったように。読書や教材研究、授業のプランなど、小さな時間と大きな時間の組み合わせを駆使して取り組みたいものです。そして、この時間の取り組みにも、教師の楽しさ、充実感が必要です。時間に追われず、自分で埋めていく意識が大切です。

5　教師としての原点に戻る

私は、社会科のみならず、すべての授業であてはまることですが、

「なぜ、学ぶ必要があるのか」

ということを、授業者である教師がしっかりと捉えておく必要があると思います。

この授業でどんなことを学んでほしいか、どんな力をつけてほしいか、学ぶ意義はどんなことがあるか、と。気をつけないと、普段の授業の中で、こうしたことは忘れがちになります。

佐藤学先生が、『教育の方法』（左右社）の中で日本人は高校を卒業するまでに、約一二〇〇〇時間の授業を経験すると述べています。

その中で、佐藤先生が「思い出の授業」を学生に尋ねると、思い出せるのは、二、三割の学生に限られるそうです。その上で、授業といういとなみの特徴は、膨大な授業時間の中の「曖昧な日常性」にあり、日常的で時には退屈な授業を受けてきているため、多くの人は、非日常

的で劇的な授業を夢想しがちだと述べています。

このことは、教職希望の学生や初任の先生にも言えることです。私自身、初任の頃は、今まで受けたことのないような刺激的でおもしろい授業を毎日展開しようと思っていました。しかし、佐藤先生が述べているように、一二〇〇〇時間もの授業で、非日常的で劇的な経験をさせることは不可能ですし、疲れ切ってしまいます（実際に私はそうなりました）。佐藤先生が述べるような「日常的で小さな出来事の積み重ね」をしていくことが、とても重要になります。

その努力していく柱が、「なぜ学ぶのか」というスタンスをもち続けることだと思います。

『スラムダンク』というバスケットボールの漫画を皆さんはご存じでしょうか。安西先生という優れた指導者のもと、一癖も二癖もあり、時には問題行動を起こしてしまう生徒達が一致団結してバスケットボールに取り組むストーリーです。僕が愛してやまない漫画です。

その中で、「確固たる信念が必要なんだ」というセリフがあります。指導者の安西先生が生徒に伝えた言葉です。

教師には、まず授業をする上で、こうした信念（なぜ学ぶのか。学ぶことはどんな意義があるのか）を常にもち続けていなくてはいけないと思っています。

時には、非日常的で劇的な経験も必要ですし、活力があり、ドラマチックな授業も時には行うべきです。研究授業のように多くの先生に見られる形で授業を展開していくことで、教師も子ども達も成長します。

　しかし、まず、「日常的で小さな出来事の積み重ね」をしていく必要があります。研究授業は、本来「日常的で小さな積み重ね」の結晶であると思います。

　そのためにも、まず「確固たる信念」を教師がもち続ける必要があると思います。

　私がすごく苦しかった時、最後のぎりぎりでつぶれなかったのは、「なぜ、学ぶのか」「学ぶとはどういうことなのか」にもう一度立ち戻り、実践につなげることができたからだと思います。このことは忘れずにいたいと思います。

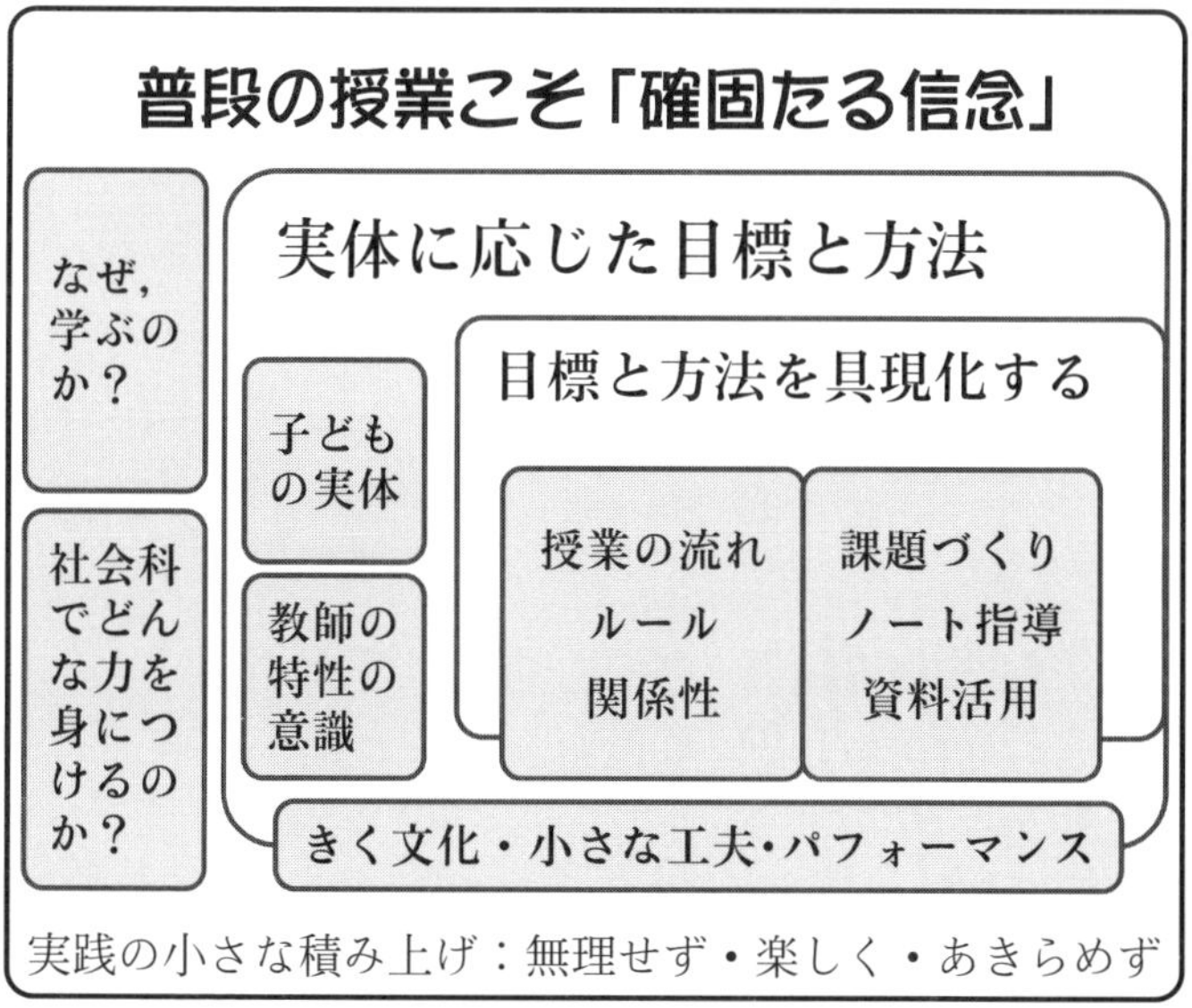
普段の授業こそ「確固たる信念」
なぜ，学ぶのか？
社会科でどんな力を身につけるのか？
実体に応じた目標と方法
子どもの実体
教師の特性の意識
目標と方法を具現化する
授業の流れ
ルール
関係性
課題づくり
ノート指導
資料活用
きく文化・小さな工夫・パフォーマンス
実践の小さな積み上げ：無理せず・楽しく・あきらめず

6　社会科とは何かを考える

授業がなかなか楽しくない中で、社会科は何を学ぶ教科なのか、しっかり子ども達に話すことができなければいけないと考えました。

つまり、学ぶ意義や理由をしっかりもっていないといけない、と考えました。学習指導要領には、

> 社会生活についての理解を図り、我が国の国土と歴史に対する理解と愛情を育て、国際社会に生きる平和で民主的な国家・社会の形成者として必要な公民的資質の基礎を養う。
>
> （文部科学省「小学校学習指導要領」より）

と書いてあります。私の場合、授業びらきで、学習指導要領の目標を紹介し、

「日本や県や市を創っていく人、よくしていく人、もっと言えば、世界の人達と協力していくことができる人になるためにその基礎を学ぶ教科なんだよ」

と話しています。

この社会科は何のために、何を学ぶ教科であるかという教師の捉えがないと、授業をしている教師がブレます。しかし、しっかりとした捉えがあり、子ども達のために何とかしてあげたいという願いをもてば、授業は少しずつ変わっていくと信じています。

教師自身もかつては小学生、中学生でした。そのため、学習者としての経験や感情、思い出が残っています。社会科が嫌い、暗記教科だったという認識がある先生方は、まず、社会科がどのような教科であるか、もう一度考え直す必要性があるのではないかと思います。

7　とにかく、子ども達が汗をかく授業を

「とにかく、子ども達が汗をかく授業を」

これは、元京都女子大学附属小学校校長の吉永幸司先生が教えてくださった言葉です。

先生が一生懸命しゃべって汗をかくのではなく、子ども達が目一杯活動し、話し合い、書き

続ける……。そんな汗をかく授業をつくっていきたいです。

汗をかく授業であれば、給食も一生懸命食べます。

給食を一生懸命食べる学級は、いつも元気で明るく、集中し落ち着いています。

今後も一緒に汗をかく授業を求めていきたいと思っています。

8　まず、教師が楽しもう

私が教師として一番大切にしていることは、

まず、自分が楽しんでいるか

ということです。

「もっと授業をよくしたい」

と思っても、いざ、研究授業を引き受けると、

「大きな仕事になってしまったぞ……。大変だなあ」

と思ってしまうことがあります。私はスーパー教師でも名人教師でもないので、研究授業を引き受けて泣きそうになってしまったこともあります。お恥ずかしい話ですが事実です。

また、それ以前に社会科を研究し授業発表する場すら少なくなっていると聞いたことがありました。

しかし、こうしたことをチャンスだと私は捉えています。

普段の授業でも、目標をもち、

「こんな授業をつくっていこう」

と考え、コツコツやっていけば、必ず上達すると信じています。

もちろん、名人でもスーパー教師でもない

私には、長い年月がかかります。しかし、自分らしい楽しい授業ができてくると思います。

その上で、無理をして身体を壊すことがないように常に心がけています。もともと、身体が弱く、心がけていてもどうしても悪くなってしまうことがあります。しかし、教師は身体が資本なので、帰る時間を早くするなど工夫をしています。

教師にとって、全力でがんばらなければいけない時があります。

しかし、毎日すべての時間でがんばることはできません。そんなことをすれば、必ず身体が壊れてしまいます。身体を壊してしまえば、結局は子ども達にとって不利益になります。それは避けなければいけません。

そのため、

無理をせず、楽しくコツコツと

教師である私も成長していきたいと考えています。

第7章　社会科でアクティブ・ラーニングをしよう

1　アクティブ・ラーニングとは何か

「アクティブ・ラーニング」という言葉が今、学校教育の一つのキーワードとなっています。アクティブ・ラーニングについてより詳しく学びたい方は、西川純『すぐわかる！　できる！　アクティブ・ラーニング』（学陽書房）をおすすめします。ここでは、西川先生のご著書も参考にしながら、アクティブ・ラーニングについて考えていきましょう。

さて、アクティブ・ラーニングは、文部科学省によれば、次のように述べられています。

【アクティブ・ラーニング】

教員による一方向的な講義形式の教育とは異なり、学修者の能動的な学修への参加を取り入れた教授・学習法の総称。学修者が能動的に学修することによって、認知的、倫理的、社会的能力、教養、知識、経験を含めた汎用的能力の育成を図る。発見学習、問題解決学習、体験学習、調査学習等が含まれるが、教室内でのグループ・ディスカッション、ディベート、グループ・ワーク等も有効なアクティブ・ラーニングの方法である。

（文部科学省ホームページ「新たな未来を築くための大学教育の質的転換に向けて―生涯学び続け、主体的に考える力を育成する大学―（答申）」に関する「用語集」より。http://www.mext.go.jp/component/b_menu/shingi/toushin/__icsFiles/afieldfile/2012/10/04/1325048_3.pdf）

こうした学習方法の提案がなされる背景には、日本や世界が大きく変化する中で、子ども達が生きていく、または社会を形成するために学び方を変えることが求められているといえるでしょう。

では、具体的にどのようなことをすればよいのでしょうか。少し紐解いて考えてみましょう。

講義形式から能動的な参加型の学習へ

↓

認知的，倫理的，社会的能力，教養，知識，経験を含めた**汎用的能力**の育成を図る

↓

発見学習，問題解決学習，体験学習，調査学習，グループ・ディスカッション，ディベート，グループ・ワークなど

↓

参加型の新しい授業実践の創造

2　参加型で汎用的能力を高める学びを

文部科学省の述べる「アクティブ・ラーニング」について読み解くと次のようになります。

まず、大切にしたいことは、講義形式から、能動的な参加型の学習に変えていくということです。これは、第1章から第6章に書いてあるような、「楽しい授業づくり」にも通じるところだといえます。

講義形式、つまり、一方向の授業ではなく、子ども達とコミュニケーションを大切にするということだともいえます。

今までは、「いかに教えたか、伝えたか」が大切にされていました。しかし、これからは文部科学省の方も述べていると思いますが、「いかに身につけ

させたか」の時代だといえます。

それを踏まえた上で参加型の学習を行います。しかし、ただ参加型の学習をするだけでは不十分といえるでしょう。キーワードは汎用的能力だといえます。「汎用的」とは、「さまざまなものに広く用いる」といった意味があります。ただ知識として覚えるだけではなく、さまざまなことに活かすことができる能力をつける学びをこれからの教師は考える必要があります。つまり、

参加型の新しい授業実践の創造

がこれからより求められると考えます。

3　社会科授業で大切にしたいのは、「活かす」「関わる」「動く」

では、社会科授業でアクティブ・ラーニングをする時、どのようなことを意識すればよいのでしょうか。

私は、

「活かす」「関わる」「動く」

が鍵になると考えています。

例えば、「キー・コンピテンシー（主要能力）」という考え方があります。これは、文部科学省のホームページでは、

> 【コンピテンシーの概念】
> 「コンピテンシー（能力）」とは、単なる知識や技能だけではなく、技能や態度を含む様々な心理的・社会的なリソースを活用して、特定の文脈の中で複雑な要求（課題）に対応することができる力。
> （文部科学省ホームページ「ＯＥＣＤにおける『キー・コンピテンシー』について」より。http://www.mext.go.jp/b_menu/shingi/chukyo/chukyo3/016/siryo/06092005/002/001.htm）

と書かれています。このキー・コンピテンシーがすべて「汎用的能力」にあてはまるとはいえません。違いも多くあります。

しかし、私が授業をする時は、汎用的能力に近いものであると考え、常に大切にしていま

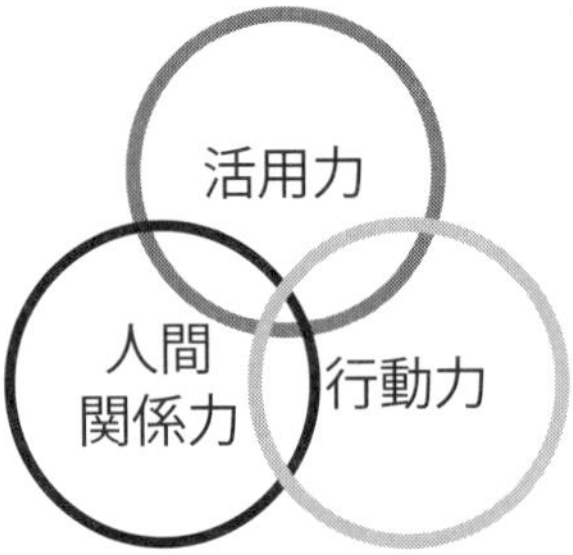

1　社会・文化的，技術的ツールを作用的に活用する能力

○言語，シンボル，テクストを活用する能力
○知識や情報を活用する能力
○テクノロジーを活用する能力

3　自律的に行動する能力

○大局的に行動する能力
○人生設計や個人の計画を作り実行する能力
○権利，利害，責任，限界，ニーズを表明する能力

2　多様な集団における人間関係形成能力

○他人と円滑に人間関係を構築する能力
○協調する能力
○利害の対立を制御し，解決する能力

す。

上図は、文部科学省の「キー・コンピテンシー」の内容を私なりに図にしたものです。

この図を見ながら、授業で大切にしたいことは、

・資料やＩＣＴ（情報通信関連技術）などを「活かす」
・多くの人と授業の中で「関わる」
・考え、伝え、自分から「動く」

の三つだといえます。

いかに授業の中で、子ども達が「活かす」「関わる」「動く」ことができるかを考えることによって、アクティブ・ラーニングにつなげることができるのではないかと考えています。

4　授業のイメージを変えよう

「活かす」「関わる」「動く」

を考えると、今までの授業のイメージを大きく変えることにつながります。

例えば、「どうしても自分が伝えないといけない」という強迫観念にも似た思いで授業をしようとする若い先生がいます。（若い先生だけではないかもしれません。）

しかし、よく考えてみれば、教科書に載っているので、子ども達に読んでおくように伝えればよいし、音読させた方がよほどアクティブ・ラーニングだといえます。

つまり、

子ども達ができることは子ども達に

を意識し、45分や50分の授業の中で何をすることが最も効果的か考える必要があります。

さらに、今までの授業では考えなかったようなことも、

参加型で汎用的能力の育成を目指している

のであれば、十分、アクティブ・ラーニングとして成立するといえるでしょう。

もっといえば、

子ども達に汎用的能力が身についた

状況であれば、素晴らしい実践をしていると自信をもってよいと思います。

文部科学省は、「発見学習、問題解決学習、体験学習、調査学習等が含まれるが、教室内でのグループ・ディスカッション、ディベート、グループ・ワーク等も有効なアクティブ・ラーニング」と述べています。しかし、ここに挙げられた学習方法をしなさいというよりは、先ほど述べた通り、従来の学習方法を活かしながら、

参加型の新しい授業実践の創造

をすることがより求められると考えています。
いかに、子ども達が参加し、夢中で学べる授業方法を作ることができるか。
それが今、学校現場にいる私たちのテーマであると考えています。

5　おもしろい授業にチャレンジしよう

私が取り組んだ実践で、「君も今日から政治家だ！」というものがあります。六年生の歴史の学習を終え、地方自治や選挙について学ぶ時に行いました。これは、立命館宇治中学高等学校の杉浦真理先生や大阪教育大学附属天王寺小学校の森保先生の実践を参考にしたものです。

まず、学級でどんな町にしたいかを考え、似たような考え方で四つほどのグループをつくります。その上で、同じグループで、架空の候補者（タレントが多いです）や政策集などを作成します。さらに、違う学年や違うクラスに立会演説会や選挙活動をして、他のクラスと一緒にどのグループがよいか投票するという学習です。

実際に市の選挙管理委員さんに来ていただき、本物さながらにして投票を行ったこともあります。こうした学習をすると、子ども達は夢中で取り組みます。まさに、

「活かす」「関わる」「動く」

をしないと、学習が成立しません。この学習を通して、自分たちの町をどのようにしていきたいかを考え、話し合い、それを伝えながら、学習指導要領第2章第2節「社会」六年生の内容(2)「ア　国民生活には地方公共団体や国の政治の働きが反映していること」に迫っていきます。

また、中学校で教えている時は、検事の方を招いて、模擬裁判をしたこともありました。小学校五年生では、水産業の「せり」を実際にやってみたこともあります。

すべての学習活動がうまくいっているわけではありません。むしろ、失敗も多くあります。しかし、大切なことは、

子ども達がワクワクするような授業にチャレンジする

ということです。

第１章でも書きましたが、私は小学校二年生の時の社会科で「郵便屋さん」をした授業を今でも覚えています。当時はまだ低学年でも社会科があった時代です。二十年以上経っても覚えているのですから、よほど楽しかったのだと思います。

では、どのようにすれば、そうした新しい授業実践ができるのでしょうか。

私は次のように考え、取り組んでいます。

①　実際に体験できないかを考える

投票やせり、裁判など、実際に行うことができません。しかし、子ども達は今後経験する可能性が高いものもあります。また、経験することによって、見方や考え方が変わるものもあります。そのため、そのまま体験できなくても模擬やシミュレーションでもよいので、授業に取り入れることを考えます。

②　教師自身が体験する

実際にグループ・ワークやディスカッションなど、社会人向けのセミナーに参加したことがあります。教師というよりは一参加者、一学習者として学ぶことで、その学習のよし悪しが分かっていきます。

③　方法としての「ネタ」を探す

私はよく、子ども達の学びを深める教材を「ネタ」として捉えていることがあります。「ネタ」には、内容の「ネタ」だけではなく、方法の「ネタ」もあると思います。例えば、テレビのクイズ番組やバラエティ番組の進行の仕方を授業に生かすことができないかと考えることがあります。

アクティブ・ラーニングの授業を目指すということは、第6章まで述べた日常の授業を否定するものではありません。大切なことは、いかに授業の幅を広げていくかということだといえます。日常の授業でも、ポイントは「関わり」です。その「関わり」を増やし、汎用的能力を高めていくことができれば、アクティブ・ラーニングにつながっていくと考えます。

ぜひ、日常の授業を大切にしながら、社会科の今までのイメージを変えるような楽しくワクワクするような授業を一緒につくっていきましょう。

おわりに

この本は、私にとって最初の本格的な授業づくりに関わる本になりました。今まで、時間に追われず、教師に関わる仕事をいかによりよく行うかについて書いてきました。しかし、私自身が教師として一番追究していることが、「楽しい、おもしろい授業をつくること」です。このことについて書かせていただき、大変幸せです。

しかし、まだまだ修行が足りません。日々精進しなくてはいけないと本書を書き終えて改めて思いました。

「授業」についての本を出すことは、実に勇気がいることでした。

四十、五十歳頃に書くべきではないかと考えたこともあります。自分の中で実践をもっともっと高め、それからまとめるべきではないかと思いました。

そんな時、私の親しいサークル仲間に

「社会科がどうしてもうまくいかない。どうしたものだろう」

と相談されたことがあります。その先生は、非常に優れた若い先生でしたので、驚きました。その時はうまく答えることができず、申し訳ない気持ちになりました。

そこで、今の私が一生懸命取り組んでいる姿をまず、見てもらおうと考えました。すごい提案ではなく、泥臭く必死な今の私の姿を伝える本にしたいと思いました。正直にいえば、苦しいこと、つらいこともたくさんあります。そんな時ほど、多くの先生方の力を借りて必死で取り組んでいます。それが、社会科に悩む同世代の先生にプラスになると考えました。この本を書くことによって、私の今までの実践を振り返ることができました。一番学べたのは私でした。サークル仲間に感謝で一杯です。

亡き父を知っている先生から、「君のお父さんは四月から計画をたてて生徒を育てていたよ」と教えてもらったことがあります。父は優れた実践家だったようです。まだまだ、父には追いつけませんが、必死でがんばっていきたいと思います。父が亡くなって長い年月が経ちますが、社会科を選んで私は本当に幸せだったと思っています。

本書を書くにあたり、多くの諸先輩の先生にお礼を言いたいです。多くの私の実践は先輩方が教えてくれたものです。また、校長先生をはじめ、職場の先生方、いつもご迷惑をおかけしてすみません。いつも助けてくださってありがとうございます。一緒に働けて幸せです。感謝申し上げます。

最後に、黎明書房社長、武馬久仁裕さん、編集部の都築康予さん、校正・構成に参加してくださる則武千裕先生には毎回のことですが、本当にありがとうございます。感謝いたします。

本書が、皆様の何かのお役にたってもらえたらうれしいです。最後まで読んでいただき、本当にありがとうございました。

長瀬拓也

参考文献

河村茂雄『授業づくりのゼロ段階（Q―U式授業づくり入門）』図書文化。

家本芳郎『〈教育力〉をみがく』寺子屋新書。

菅野　仁『教育幻想　クールティーチャー宣言』ちくまプリマー新書。

野中信行『新卒時代を生き抜く学級づくり3原則』明治図書。

野中信行・横藤雅人『必ずクラスがまとめる教師の成功術！　学級を安定させる縦糸・横糸の関係づくり』学陽書房。

向山洋一『授業の腕をあげる法則』明治図書。

岩瀬直樹『「最高のチーム」になる！　クラスづくりの極意』農山漁村文化協会。

堀　裕嗣『学級経営10の原理・100の原則―困難な毎日を乗り切る110のメソッド』学事出版。

ベネッセ「小学生の学習に関する意識・実態」『学習基本調査報告書』。

『週刊サッカーダイジェスト』二〇一一年八月九日号、日本スポーツ企画出版社。

蔵満逸司・中村健一『42の出題パターンで楽しむ痛快社会科クイズ608』黎明書房。

バカリズム『都道府県のもち方』ポプラ社。

金井敬之他『基礎学力をつけるワザコツヒケツ　奇跡をおこす3日間―学年はじめの学力づくり―』フォーラム・A。

参考文献

中村健一『教室に笑顔があふれる中村健一の安心感のある学級づくり』黎明書房。

岩田一彦『社会科固有の授業理論 30の提言―総合的学習との関係を明確にする視点―』明治図書。

長岡文雄『授業をみがく―腰の強い授業を』黎明書房。

安野 功『安野功の授業実践ナビ 社会―つま～んない！ 大キライ！ のままでいいの？―』文溪堂。

關 浩和『学力の質的向上をめざす社会科授業の創造』明治図書。

上條晴夫『図解よくわかる授業づくり発想法』学陽書房。

上條晴夫監修、佐藤正寿編著『やる気と集中力を持続させる社会科の授業ミニネタ&コツ101』学事出版。

上條晴夫『実践教師のためのパフォーマンス術―学ぶ意欲を引き出す考え方とスキル―』金子書房。

有田和正『ノート指導の技術』明治図書。

太田あや『東大合格生のノートはかならず美しい』文藝春秋。

佐藤正寿『新版 価値ある出会いが教師を変える』学事出版。

佐藤正寿『新版 学力のつくノート指導のコツ』学陽書房。

佐藤正寿『学級通信のアイデア40―思わず発行したくなる―（5分間シリーズ）』フォーラム・A。

佐藤 学『教育の方法』左右社。

文部科学省『学習指導要領解説 社会科』。

西川純『すぐわかる！　できる！　アクティブ・ラーニング』学陽書房。

澤井陽介『澤井陽介の社会科の授業デザイン』東洋館出版社。

文部科学省ホームページ「新たな未来を築くための大学教育の質的転換に向けて―生涯学び続け、主体的に考える力を育成する大学―（答申）」に関する「用語集」。

文部科学省ホームページ「ＯＥＣＤにおける『キー・コンピテンシー』について」。

著者紹介
長瀬拓也
1981年岐阜県生まれ。
岐阜県立中津高等学校，佛教大学教育学部卒業。
横浜市立小学校教諭，岐阜県公立小・中学校教諭を経て，現在，私立小学校教諭。
高校生の時，中学校教員だった父親が白血病で他界し，教師になることを決意する。2004年に日本児童教育振興財団主催『第40回わたしの教育実践　新採・新人賞』を受賞。教育サークル「未来の扉」代表代行。
著書に『教師のための時間術』『教師のための整理術』『失敗・苦労を成功に変える教師のための成長術』『言葉と俳句の力で心が育つ学級づくり』（共著）『一流教師が読み解く 教師力アップ！　堀裕嗣・渾身のツイート30』（共著）（以上，黎明書房），『教師になるには』（編著，一ツ橋書店）などがある。

イラスト・山口まく

増補《ぞうほ》・誰《だれ》でもうまくいく！
普段《ふだん》の楽《たの》しい社会科授業《しゃかいかじゅぎょう》のつくり方《かた》

2015年10月20日　初版発行　著　者　長《なが》　瀬《せ》　拓《たく》　也《や》
発行者　武　馬　久仁裕
印　刷　舟橋印刷株式会社
製　本　協栄製本工業株式会社

発　行　所　株式会社　黎《れい》　明《めい》　書《しょ》　房《ぼう》

〒460-0002　名古屋市中区丸の内3-6-27　EBSビル　☎052-962-3045
FAX 052-951-9065　振替・00880-1-59001
〒101-0047　東京連絡所・千代田区内神田1-4-9　松苗ビル4階
☎03-3268-3470

落丁本・乱丁本はお取替します。　ISBN978-4-654-01923-6